Rezepte der Luise Peters

Eiderstedter Backbuch aus der guten alten Zeit

Herausgegeben
von Brigitta Seidel

Husum

Umschlaggestaltung unter Verwendung eines Fotos von Susanne Backens, Husum

Bibliografische Information Der Deutschen Bibliothek

Die Deutsche Bibliothek verzeichnet diese Publikation in der Deutschen Nationalbibliografie; detaillierte bibliografische Daten sind im Internet über http://dnb.ddb.de abrufbar.

Fotos: Susanne Backens, Husum

Sponsoren:
Eiderstedter Heimatbund, St. Peter-Ording
Volks- u. Raiffeisenbank Husum

2. Auflage 2006

Gesamtherstellung: Husum Druck- und Verlagsgesellschaft,
Postfach 1480, D-25804 Husum – www.verlagsgruppe.de

ISBN 3-89876-234-3

Inhaltsverzeichnis

Haubarg mit Kolonialwarenladen der Familie Paul Matthias Peters in Tetenbüll in der Dörpstraat, v. l. n. r.: Paul Matthias Peters, Sohn Paul Adolph, Mutter Anna Maria Peters, geb. Jensen, Sohn Johann Tauchmann, Tochter Ida Wilhelmina Dorothea, Tochter Minna Ernestina, Tochter Anna Margaretha, Friederike Louise, geb. Clasen, um 1886/87

Eiderstedter Rezepte – eine Einführung

Luise Peters (1900–1991) lebte zusammen mit ihrer Mutter Maria (1877–1955) und ihrem Bruder Paul (1899–1987) in dem heute als Museum geführten „Haus Peters“ in Tetenbüll. Ihr Vater Johann Peters (1871–1924) betrieb als letzter Kaufmann den in der Eingangsdiele des Hauses sich befindenden Kolonialwarenladen aus dem Jahre 1820. Mutter Maria, geb. Siemens aus Garding, verstarb 1955 und die beiden erwachsenen Kinder blieben in dem Haus wohnen, bis zum Tod von Paul Peters im Jahre 1987. Dann erwarb die Gemeinde Tetenbüll das Gebäude, ließ es denkmalgerecht restaurieren, und der Förderverein Haus Peters e.V. als Betreiber macht seit 1991 Haus und Laden der Öffentlichkeit zugänglich.

Das ehemalige Kolonialwarengeschäft befindet sich in der Dorfmitte gegenüber der mächtigen, auf einem ehemaligen Deichstück ruhenden Kirche St. Anna. Mit seiner repräsentativen, auf hohem Niveau ausgeführten biedermeierlichen Ausstattung, kann es der Volkskunst der ersten Hälfte des 19. Jahrhunderts zugeordnet werden, ein herausragendes kulturhistorisches Dokument seiner Zeit.

Dieser Laden bildete ein Kommunikationszentrum im Dorf für die weitläufig und verstreut in den Kögen lebende bäuerliche und handwerkliche Kundschaft. Über 200 Jahre bewohnte die Familie das Haus. Im Jahre 1765 hatte der junge Tobias Peters (1738–1780), ein Schneider aus dem nur wenige Kilometer ent-

Johann Tauchmann Peters (1871–1924) mit Frau Maria (1877–1955) und den Kindern Luise (1900–1991) und Paul (1899–1987), um 1906

fernt liegenden Dorf Oldenswort, sich nach Tetenbüll verheiratet und eine Schneiderwerkstatt eingerichtet. Sein Sohn Paul Peters (1766–1842), Zimmermann und Holzhändler, baute eigenhändig den Kaufmannsladen in die Eingangsdiele des Hauses ein, der von etwa 1820 bis 1924 die Tetenbüller Kundschaft mit allen im Haus und auf dem Feld benötigten Waren versorgte.

Luise Peters sammelte Rezepte, die – wie es üblich war – im Dorf meistens mündlich überliefert wurden. Sie schrieb sie jedoch auf, fein säuberlich in ein „Konto-Gegenbuch mit der mündelsicheren Sparkasse der Stadt Garding in Garding“ aus dem Jahr 1930. Das hochformatige Büchlein mit dem dunkelgrünen Pappeinband mit den Maßen 11 x 18 cm trägt die Kontonummer 689 und enthält 31 Doppelseiten. Auf ihnen hielt Luise Peters mit Füllfederhalter, später mit Kopierstift und Kugelschreiber die Rezepte in Sütterlin- oder deutscher Schreibschrift fest. Die handschriftliche Vorlage wurde von der Herausgeberin in Maschinenschrift übertragen, ohne Veränderungen am Text vorzunehmen. Zum besseren Verständnis wurden lediglich einige, erkennbar in Klammern gesetzte Erläuterungen hinzugefügt.

In dieses kleine Kontobuch schrieb Luise Peters 149 Rezept-

Deckblatt von Luises Rezeptesammlung

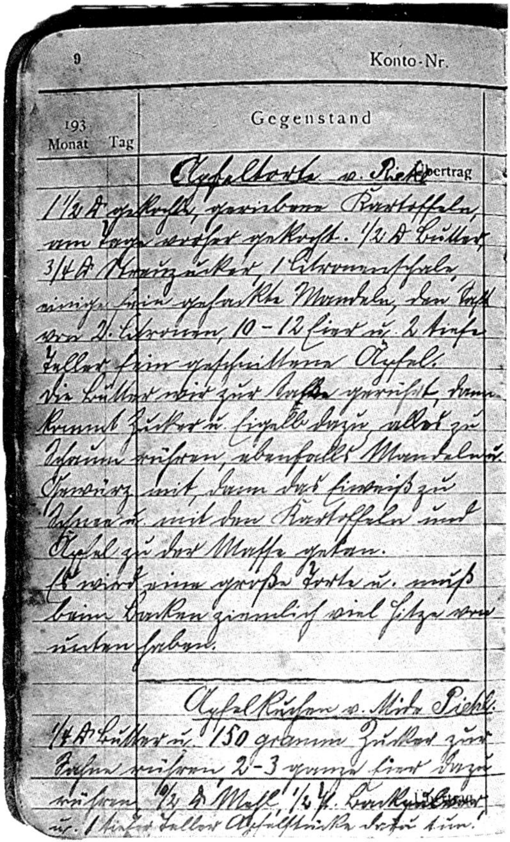

9 Konto-Nr.

193 Monat	Tag	Gegenstand	Übertrag

Seite 9 der handgeschriebenen Rezeptesammlung

anleitungen nieder, wie es bei geübten Hausfrauen üblich war, in der Regel als Zutatensammlung. Sie notierte mitunter auch, von wem das Rezept stammte, darunter zahlreiche von ihrer Mutter und Großmutter (Friederike Louise Peters, geb. Clasen, 1842–1899) sowie von Tanten und Bekannten aus der Nachbarschaft in Tetenbüll. Aus dem Nachlass von Luise Peters stammt – noch von ihrer Mutter Maria – das Standardwerk von Johanna Kuß: Die Holsteinische Küche, Leipzig (1895). Sie selbst bekam zum 26. Geburtstag das zweite grundlegende Werk geschenkt: Henriette Davidis Praktisches Kochbuch für die gewöhnliche und feinere Küche, hrsg. von Marie Walter, Berlin (1920). Beide Kochbücher verstanden sich im Wesentlichen als zuverlässiges Hilfsmittel zum guten und sparsamen Kochen, vor allem für die unerfahrene junge Hausfrau. Beide wirkten wie ein guter Rat einer Freundin für das alltägliche Leben und für den einfachen, bürgerlichen Hausstand und Tisch. Die Bücher gehörten zur Ausstattung der jungen Luise Peters, als sie ab 1930 nun selber begann, Backrezepte zu sammeln. Ausprobiert und gebacken wurden diese in einem kohlebefeuerten Sparherd der Firma Juno, der heute noch in der Küche des Hauses zu sehen ist.

Süßes Backwerk kam bis zum Ende des 19. Jahrhunderts nur selten auf den Tisch. Es wurde nur zu besonderen Anlässen gebacken, zu Weihnachten, Neujahr und Ostern und für Familienfeiern wie Taufe oder Hochzeit. Man erkennt dies auch an

Luise Peters (1900–1991)

den großen Rezepten mit zwei bis fünf Pfund Mehl, bei denen mehrere Kuchenbleche oder Formen nacheinander abgebacken wurden. Grund für den sparsamen Umgang mit Backwerk war zum einen, dass die benötigten Zutaten wie Eier, Mehl, Butter und Zucker mitunter knapp wurden und dann eher zur Zubereitung von Speisen und für die Vorratswirtschaft verbraucht wurden. Beispiele dazu finden sich in diesem Büchlein in der Rubrik Kriegs- oder Sparrezepte. Zum anderen hatte an den Backtagen, die nur alle drei bis sechs Wochen stattfanden, das Brotbacken aus Roggenmehl Vorrang. Das tägliche Brot war das Schwarzbrot aus Roggenschrot, für feineres Brot nahm man gesiebtes Roggenmehl. Weizenmehl war den Kuchen vorbehalten und wurde erst ab Mitte des 19. Jahrhunderts zum Brotbacken verwandt. Kennzeichnend dafür war, dass Fein- und Weißbrot unter Zugabe von Weizenmehl als Kuchen bezeichnet wurde. Als Backtag galt der Sonnabend, um den Kuchen für den Sonntag gleich mitbacken zu können. Die nur langsam zurückgehende Hitze des Steinbackofens wurde nach dem Brotbacken als Restwärme für Kuchen und Gebäck genutzt.

Ein weiterer Grund für das sparsame Backen fand sich in der Kücheneinrichtung. Die Prozedur zum Anheizen der bis dahin üblichen offenen Herdstellen mit dem eingemauerten Backofen unter der Herdoberfläche war zum Backen einzelner Kuchen viel zu umständlich. Auch waren diese Öfen wegen der kaum zu regulierenden Temperatur für feines Backwerk wenig geeignet. Neben Brot wurden vor allem mit verschiedenen Techniken und Treibmitteln Plattenkuchen, haltbares Kleingebäck und Zwieback hergestellt. Blechkuchen wurden beispielsweise zerteilt und durch

Regalwand mit Schubkästen zum Aufbewahren der losen Ware im Kaufmannsladen Peters

Röstung und Trocknung der Stücke zu haltbarem Kleingebäck verarbeitet. Oder man verwandte bestimmte Treibmittel wie Hirschhornsalz oder Gewürze wie Anis, um das Gebäck hart und lange haltbar zu machen. Zwieback, ein Trockengebäck (zweimal Gebackenes), und Kekse gehörten ebenfalls zu diesem Sortiment aus heimischer Produktion. „Kakes", hier von Luise Peters

Dr. Oetker's
Backpulver
Dr. Oetker's
Backpulver
Dr. Oetker's
Erzeugnisse

der englischen Schreibweise Cakes angelehnt, stammten ursprünglich aus England und waren sehr teuer. In diese Kategorie von Zwieback und Keks fällt auch der Pumpernickel, ein haltbares Mandelgebäck, dessen Scheiben noch einmal getrocknet wurden, die allerdings mit dem westfälischen Pumpernickel nichts gemein haben. Durch Rösten im Ofen entzog man Feuchtigkeit, und das Gebäck blieb – in geschlossenen Blechkisten – länger haltbar. In dieser Sammlung finden sich unter Zwieback und Keks zahlreiche anregende Beispiele dazu. Um jedoch auch zwischen den teilweise mehrere Wochen auseinander liegenden Backtagen über frisch Gebackenes zu verfügen, waren Backwaren wie Förtchen oder Smeernöt äußerst beliebt, die über dem Herdfeuer in Fett ausgebacken oder im Wasserbad gegart wurden. Mehlpudding oder Mehlbüdel gehörten dazu, eine Spezialität von Dithmarschen bis hinauf zur dänischen Grenze. Bei Luise findet sich sogar ein im Wasserbad gekochter Bisquitteig, ein Rezept, das sich ganz ähnlich im „Kochbuch für Norddeutschland" von Luise Keck aus dem Jahre 1895 finden lässt.

Erst seit der Mitte des 19. Jahrhunderts wandelten sich im Zuge der Industrialisierung die Lebensbedingungen auf dem Lande und damit auch die technische Küchenausstattung und die Zubereitungsmöglichkeiten von Backwerk. Die Herde mit offenen Feuerstellen verschwanden und wurden etwa ab 1870 von Einbauherden oder von freistehenden, gusseisernen Standherden ersetzt. Die neuen Herde besaßen ein Anschlussrohr an den Schornstein und wurden wegen des geringeren Holzverbrauchs auch Sparherde genannt. Diese Weiterentwicklung brachte der Hausfrau vor allem ein rauchfreies und sauberes Arbeiten in der Küche. Diese Herde verfügten neben mehreren Kochstellen auch über einen Backofen und ein Warmwasserreservoir (Wasserschiff). Beides schuf die technischen Voraussetzungen für ein bequemeres, feineres und variantenreicheres Backen. Es konnte nun öfters und auch in kleinen Mengen gebacken werden. Auch die Backgeräte, die Förtchenpfannen, Waffeleisen und Kuchenformen passten sich den technischen Möglichkeiten des neuen Küchenherdes an.

Als Treibmittel wurden bevorzugt Hirschhornsalz, Hefe und Pottasche verarbeitet.

Hirschhornsalz ist ein hauptsächlich aus Ammoniumcarbonat bestehendes Treibmittel, das bei Erhitzung Kohlendioxid und Ammoniak freisetzt. Es eignet sich besonders gut für schwer knetbare Teige wie Roggen-, Lebkuchen- oder Honigkuchenteig. Die Masse geht nicht so stark auf, sondern eher in die Breite, was für flache Gebäcke von Vorteil ist. Hirschhornsalz lockert den Teig und gibt ihm dadurch ein großes Volumen. Zudem sind Gebäcke mit diesem Treibmittel lange haltbar, da sich durch die Säure keine Schimmelpilze ansiedeln können. Der Name entstammt dem Irrglauben, dass das Hirschhornsalz aus den Hirschgeweihen hergestellt wird. Früher wurde Hirschhornsalz aus Horn, Klauen, Leder und anderen Teilen durch Erhitzen gewonnen. Heute wird Hirschhornsalz aus einer Mischung von Ammoniumsulfat und Calciumcarbonat produziert.

Kohleherd mit Backofen (links) und moderner Elektroherd (rechts), eingebaut in die Nische, wo sich einstmals der aufgemauerte Backsteinherd befand

Gusseisernes Schaufenster mit anschließenden hölzernen Auslageflächen, um 1850

Hefe gilt als Sammelbegriff für alle Pilze mit hefeähnlichem Wachstum. Hefen sind einzellige Mikroorganismen, die sich durch starkes Gärvermögen auszeichnen und den in Nahrungsmitteln enthaltenen Zucker sowie andere Kohlenhydrate aufspalten und in Ethylalkohol und Kohlendioxid umwandeln.

Pottasche besteht aus Kaliumcarbonat, das den Teig vor allem in die Breite und weniger in die Höhe treibt. Das Treibmittel eignet sich ebenfalls für flache Gebäcke und wird für Leb- und Honigkuchen, die relativ lange gelagert werden, eingesetzt. Der Name Pottasche umschreibt die alte Methode der Anreicherung von Kaliumcarbonat aus Holzasche und anschließendem Eindampfen in Töpfen (Pötten).

In Luises Rezepten taucht mitunter auch Natron auf, die Kurzform von Natriumhydrogencarbonat. Man findet Natron oder Kaiser-Natron bei den Backzutaten im Supermarkt. Es ist ein weißes, feines Pulver und Bestandteil von Back- und Brausepulvern. In Verbindung mit Weinstein (Kaliumhydrogentartrat, Cremor Tartari), der heute wieder verstärkt in der Naturkostbäckerei zu finden ist, eine fast vergessene, doch interessante Variante eines Treibmittels. In dieser Sammlung findet sich ein Napfkuchenrezept, in dem Weinstein verwendet wird.

Erleichterungen beim Backen erfolgten für die Hausfrauen neben den Entwicklungen in der Küchenausstattung auch durch die Erfindungen der Lebensmittelindustrie zu Ende des 19. Jahrhunderts. Das traditionelle Gebäck, angesetzt mit Hirschhornsalz, Pottasche oder Hefe, erhielt nun stärkere Konkurrenz durch Backwaren, die mit Backpulver angesetzt wurden. Zwar hatte Justus von Liebig (1803– 1873) bereits 1868 ein Backpulver für die Herstellung von Brot ohne Zusatz von Hefe oder Sauerteig erfunden. Doch der durchschlagende Erfolg des neuen Treibmittels begann erst mit dem Bielefelder Apotheker Dr. August Oetker (1862–1918), der 1891 Backin auf den Markt brachte. Ein Päckchen Backpulver war genau für ein Pfund Mehl abgemischt und garantierte den Hausfrauen, seiner Zielgruppe, dass jeder Kuchen gelang. Damit wurde das Backen sehr vereinfacht, denn der Teig musste nicht am Tag zuvor angesetzt werden, und es ließen sich problemlos sowohl feines Gebäck als auch Torten herstellen.

Backpulver besteht aus Natriumhydrogencarbonat, Dinatri-

Napfkuchenform und Ausschneidehilfen zum Ausstechen von Kleingebäck

umphosphat und etwas Stärkemehl. Es setzt in Verbindung mit Feuchtigkeit und Hitze einen chemischen Prozess in Gang. Durch die Bildung von Gasbläschen (CO_2) wird der Teig locker. Wird Backpulver als Triebmittel eingesetzt, braucht der Teig nicht zu gehen, sondern kann direkt in den Ofen geschoben werden. Der Säureträger reguliert den Zeitpunkt für Vor- und Nachtrieb des

Teiges. Backpulver eignet sich nicht nur für Kuchen und Gebäck, sondern auch schwere Teige mit viel Fett, Zucker, Nüssen und Rosinen werden luftig und locker.
Daneben wurden beim Backen in Tetenbüll auch vereinzelt industriell erzeugte Stärkemehlsorten verwandt wie Weizenstärke (Weizenin) oder Maisstärke (Gustin seit 1898, Maizena oder Mondamin seit 1913). Variantenreicher konnte ebenfalls gebacken werden unter Verwendung moderner Fettsorten auf Pflanzenbasis. Wenn auch das Prestige der Kuhbutter besonders in der ländlichen Küche ungebrochen blieb, hielten doch die lange als Surrogate geltenden Ersatzfette wie Margarine (ab 1872) oder Palmin (Kokusnussbutter, ab 1897) auch in der Tetenbüller Küche ihren Einzug.

So konnte sich unter diesem städtischen Einfluss der Napf- oder Topfkuchen mit Backpulver angesetzt in der ländlichen Küche etablieren. Rezepte für Streuselkuchen fanden verstärkt Eingang nach Eiderstedt. Allmählich begann man auch Torten zu backen, vielfach noch als Butterteig mit verschiedenen Füllungen. Zitronen oder Apfelsinen waren besondere Teigzutaten. Das Obst für die Kuchen – Äpfel, Pflaumen, Rhabarber – stammte aus dem heimischen Garten. Früchte wie Beeren oder Kirschen wurden nicht zum Kuchenbacken verwandt, sondern von der Hausfrau für die Vorratshaltung zu Saft oder Marmeladen verarbeitet. Mandeln, Schokolade, Kakao kommen in kleinen Mengen vor, Gewürze sogar teilweise nur in Spuren.
Neben der großen Sammlung an regionaltypisch und traditionell

Gebackenem wie Plattenkuchen, Plätzchen, Förtchen und Waffeln findet sich eine ebenso große Sammlung an modernen Rezepten. Jedoch blieben Sahne- oder Cremetorten weiterhin die Ausnahmen. Überhaupt verstand man unter Torten keine hohen aufwendigen Schichtengebilde, sondern in der Spring- oder Kastenform abgebackene Kuchen mit Obst- und Quarkfüllung oder mit Zuckergussbelag.

Diätetische „Sparrezepte“ aus der Kriegszeit sind ebenfalls in dieser Rezeptsammlung zu finden, mit Haferflocken oder Kartoffeln angesetzt, wie auch Ersatzrezepte für Buttercreme oder Schlagsahne. Für uns heute Befremdliches wie Blutpudding, den man nach dem Schlachten mit frischem Blut zubereitete, wurde ebenfalls in dieses Büchlein aufgenommen.

Auffallend ist, dass traditionelle Rezepte gleich in mehreren Variationen vorkommen. Sehr begehrt waren die Kringel, kleine Kuchen, die hier in etlichen Beispielen zu finden sind. Ebenso Förtchen, mit oder ohne Hefe angesetzt, die so beliebten, in Fett ausgebackenen, kleinen Kuchen. Warm auf den Tisch gebracht und in Zucker gewälzt sind sie ein wahrer Genuss. Verschiedene Rezepte brauner Plattenkuchen mit Sirup und zahlreichen Gewürzen können nachgebacken werden. Sirup wurde selbst hergestellt, auch Marzipan und Karamellen.

Auch regionaltypisches Fastnachtsgebäck wie Heißewecken oder Knebkuchen, findet sich. Allseits beliebt war das Hedeweckendrehen in der Backstube des Dorfbäckers oder in der privaten Küche. Auf einer mit Zahlen und einem Drehzeiger versehenen Holzscheibe erspielte man sich frischgebackene Hei-

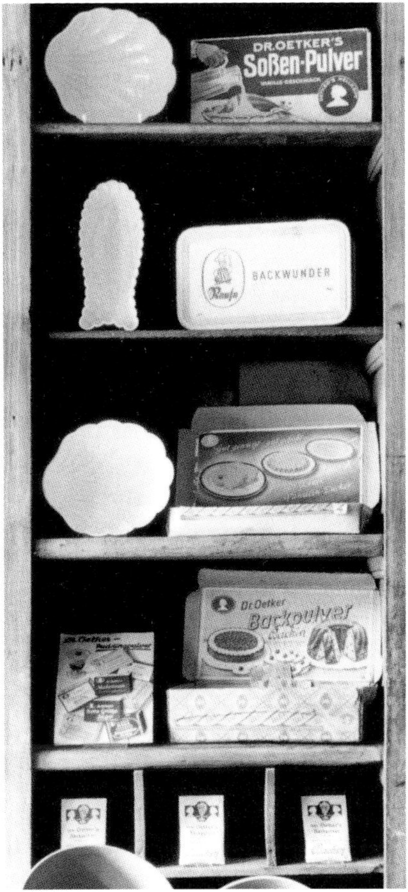

ßewecken. Hochprozentige Bowlen – wie konnte es anders sein – stammten von der Gastwirtin im Ort.

Luises Sammlung verdeutlicht, dass man für den Kulturimport an neuen Rezepten sehr aufgeschlossen war. Nach Tetenbüll eingeheiratete Ehefrauen aus dem Nordschleswigschen oder von der Geest trugen Varianten bekannter Rezepte bei, und auch Freundinnen, die auswärts in Stellung waren, brachten interessante Anregungen mit. Auch die Backkenntnisse der Flüchtlinge aus den Ostgebieten Deutschlands, die nach 1945 nach Eiderstedt kamen, bereicherten die regionalen Rezepte. Die persönliche Übermittlung neuer Backideen wurde Ende der 1950er Jahre ergänzt durch Rezepte aus den aufkommenden Modezeitschriften, die nun abgeschrieben und ebenfalls gerne weitergegeben wurden.

Auffallend in dieser Rezeptesammlung – aber nicht untypisch für die Zeit – ist, dass bei Mengenangaben nicht nur das Gewicht angegeben wird, sondern auch, für wie viel Geld das Produkt beim Kaufmann erstanden wurde. Die Abkürzung „d“ vom lateinischen denarius/denarii bezeichnet auch die deutsche Abkürzung für Pfennig mit dem Sütterlin-Buchstaben d.

Luises Rezeptesammlung dokumentiert sehr anschaulich den Wandel vom einfachen Backwerk der ländlichen Küche Eiderstedts zur vielfach der städtisch-bürgerlichen Küche angeglichenen feineren Backkunst, ermöglicht durch die neuen Herde und neuen Produkte der Lebensmittelindustrie. Zwar blieb die Backkultur in Nordfriesland recht einfach, was das Spektrum an Zutaten anbelangte, jedoch sehr variantenreich, was Treibmittel und Gewürze betraf, die dem Kuchen oder Gebäck jeweils eine andere Geschmacksrichtung verliehen. Dem heutigen Nutzer werden hiermit vielfache Möglichkeiten an die Hand gegeben, auf Entdeckungsreise zu gehen, sei es an Zutaten, an Backanleitungen, an Treibmitteln oder einfach an Ausdrücken und Sprache. Somit gewinnt der Leser einen umfassenden Einblick in eine Alltagsküche im Dorf Tetenbüll mitten in Eiderstedt.

Diese handgeschriebene Sammlung spannt einen Bogen über fast 100 Jahre. Da die Rezepte noch von Mutter und Großmutter stammen, sind sie eine lebendige Quelle der regionalen ländlichen Küche ab dem letzten Drittel des 19. Jahrhunderts.

In diesem Backbuch sind die Orignalrezepte veröffentlicht. Sie wurden für dieses Büchlein weder modernisiert noch mit heute

Haus Peters heute, Straßenfront, Dörpstraat 16

bekannten und beliebten Backrezepten angereichert, wie man es vielfach in Landfrauenkochbüchern vorfindet, sondern in ihrem ursprünglichen Zustand belassen. Lediglich knappe kulturgeschichtliche Einordnungen und Backanleitungen wurden hinzugefügt. Für Kenner Eiderstedts und für Freunde und Gäste der Nordseeküste eine wahre Fundgrube mit zahlreichen Anregungen, dieses in der heimischen Küche auszuprobieren.

Weihnachtsbäckerei

Braune Kuchen oder braunes Gebäck sowie Gewürz- oder Honigkuchen, Kringel, Schmalz- und Fettgebackenes wurden bevorzugt in der Advents- und Weihnachtszeit bis in den Januar hinein gebacken. Ihr vorzüglicher Geschmack wie ihre gute Haltbarkeit waren dabei ausschlaggebend.

Weihnachtlicher Plattenkuchen

Dicker brauner Kuchen

¼ Pfund Butter, ½ Pfund Streuzucker, 1 Pfund Sirup, 2 Eier, 1 Tasse Rahm, 2 Pfund Mehl, 2 Backpulver, braunes Kuchengewürz (Mischung aus Pomeranze, Zitrone, Zimt, Nelken, Sternanis, Ingwer, Muskat, Kardamom).
Wenn man feines Roggenmehl nimmt, muß man 2½–3 Tassen Rahm oder Milch nehmen und 3 Eier.

(Knetteig herstellen, auf dem Backblech ausrollen und etwa 30 bis 45 Min. bei 180 Grad backen.)

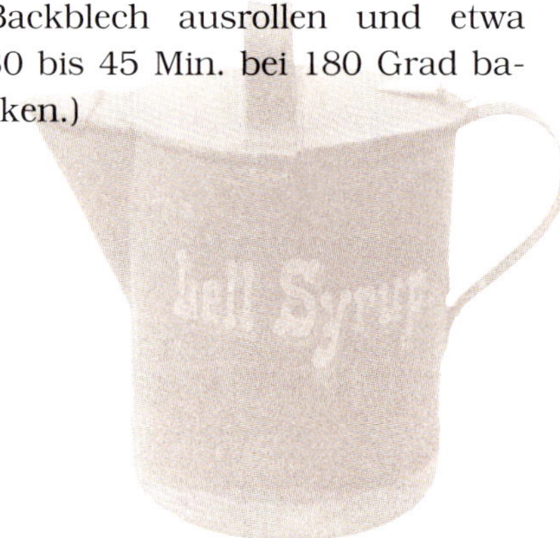

Brauner Plattenkuchen

2 Pfund Mehl, 2 Pfund Kuchensirup, 1 Citrone, 16 Gramm in heißem Wasser aufgelöste Pottasche, ¼ Pfund Butter, ¼ Pfund Succade, schmeckt sehr schön darin, alles kalt zusammenrühren. Zum Guß nimmt man 2 Eiweiß und ½ Pfund Streuzucker

(Plaatkoken war ein auf dem Kuchenblech gebackener Kuchen, beliebt zu Weihnachten.

Beim Sirup- oder Honigrezept werden Sirup/Honig, Zucker und Butter zusammen in einen Topf gegeben und erwärmt, bis sich der Zucker auflöst. Mehl in eine Schüssel geben. Wenn die Masse auf Handwärme abgekühlt ist, mit dem Mehl verrühren und die restlichen Zutaten unterrühren. Früher war es üblich, die Masse 8 bis 14 Tage vorher, besser noch wochenlang vorher anzurühren und an einen warmen Ort zu stellen. Umso feiner wurde sie.

Den fertigen Teig auf einem mit Pergamentpapier ausgelegten Backblech fingerdick ausrollen und 20–30 Minuten bei 180 Grad backen. Nach dem Backen mit dem Guss bestreichen und in kleine Rechtecke schneiden.)

Brauner Kuchen in der Form

von Edith Drews, Ehefrau des Mathematiklehrers in Tetenbüll

1 große Tasse Rahm, 1 große Tasse Kuchensirup, 1 Tasse Zucker, 3 Eigelb, 1 Pfund Mehl, 1 P. Backpulver, Schale 1 Citrone oder Nelken. 1 Stunde backen.

Ein sparsames Rezept

Brauner Plattenkuchen

von Alma Thomsen, Tochter der Gastwirtin in Tetenbüll

1 Pfund Sirup, 1/2 Pfund Zucker, 1/4 Pfund Mandeln, feiner Canehl (Zimt), Nelken, Succade, Schale 1 Citrone, 4 Eier, 1/4 Liter Milch, ein kleiner Teelöffel Hirschhornsalz, ein Teelöffel Pottasche, 5 d (Pfg.) Hefe (17,5 gr), 2 Pfund Mehl, 1/4 Pfund Butter.

(Menge für 2 Backbleche)

Weißer Plattenkuchen

2 Pfund Mehl, 1 Pfund Zucker, 1/2 Pfund Butter, 6 Eier, 2 Tassen Rahm, 15 Gramm Hirschhornsalz, Kardamom oder Citronenschale. Mit Canehl (Zimt) und Zucker bestreuen.

(Knetteig herstellen, auf ein gefettetes Backblech ausrollen, etwa 30 Min. backen bei 180 Grad.)

Honigplattenkuchen

1 Pfund Kunsthonig und 1 Pfund Zucker zusammen aufkochen, dann 5 Gramm Pottasche in etwas kochendem Wasser auflösen und dazu tun, etwas abkühlen lassen, ungefähr kalt auftun auf 2 Pfund Mehl, 3 Eier, 10 Gramm Hirschhornsalz, 10 d (Pfg.) feiner Canehl (Zimt), Schale 1 Citrone, 20 d (Pfg.) feiner Kardamom, 5 d (Pfg.) feine Nelken und 50 d (Pfg.) Succade. 1 Paket Kuchengewürz genügt auch. Am Abend vor dem Backen anrühren.

(Den dickflüssigen Teig auf einem Backblech verteilen, bei 180–200 Grad etwa 20–30 Min. backen. Nach dem Backen noch warm in Stücke schneiden. Die Menge von 2 Pfd. Mehl deutet darauf hin, dass 2 Platten gebacken wurden.)

Plätzchen

Braune Kuchen *von Mutter*

5 Pfund Mehl, 3 Pfund Kuchensirup, 1 Pfund Zucker, 1½ Pfund Butter, 45 Gramm Pottasche. Sirup und Butter müssen aufgekocht werden, abkühlen lassen, die Pottasche in zwei Eßlöffel Milch oder Wasser aufgelöst dazu, und es wird dann auf Mehl usw. getan. Wenn man hat, kommt noch ¼ Pfund süße und gehackte Mandeln, (⅛ Pfund genügt) Pomeranzenschale oder braunes Kuchengewürz daran. Der Teig muß 1 Tag vor dem Backen angerührt werden, ein bißchen Nelken und Korinthen.

(1 Teelöffel Natron, 7 Teelöffel Hirschhornsalz)

(Bruune Koken wurden zu Weihnachten gebacken. Sirup, Mehl und Schmalz wurden mit allerlei Gewürzen zu einem festen Teig vermengt. Als Treibmittel nahm man Pottasche. Die Masse musste an einem warmen Ort mehrere Tage stehen. Dann wurde der Teig mit einer Kuchenrolle ausgerollt und kleine Kuchen mit Backförmchen oder dem Teigrad ausgestochen, mit Mandeln oder Succade belegt und auf Platten beim Bäcker gebacken. Die Kuchen wurden in Blechdosen aufbewahrt, damit sie schön krosch blieben.

Einen Knetteig herstellen, einen Tag ruhen lassen, dann sehr dünn ausrollen und in Rechtecke schneiden. Etwa 10 Min. bei 190 Grad backen. Sofort vom Blech nehmen. In gut schließenden Blechdosen aufbewahren.

Nimmt man statt Pottasche Backpulver, bleibt der Teig nicht stehen, sondern wird nach dem Vermengen sofort verarbeitet und gebacken.)

Canehlgebackenes

von Tante Frauken

$^1/_2$ Pfund Butter mit 3 Eidotter zur Salbe rühren, dann gibt man $^1/_4$ Pfund Streuzucker, $^3/_4$ Pfund Mehl, beliebig feiner Canehl (Zimt) hinzu.

(Der Teig wird dünn auf ein gefettetes Backblech gestrichen und 15 Min. bei 180 Grad gebacken. Danach sofort in schräge Stücke schneiden und unverzüglich vom Blech nehmen, dann bestreuen. In einer Blechdose aufbewahren.)

Braune Kuchen

von Frau Deichgraf Grethe Vorderbrügge, geb. Pauls

$^1/_2$ Pfund Kartoffelmehl, 2 Pfund Mehl, 1 Pfund Sirup, $^1/_2$ Pfund Streuzucker, $^1/_8$ Pfund Mandeln, 1 Pfund Butter, Schale 1 Citrone, ein bißchen Kanehl (Zimt), etwas Pottasche und 2 Teelöffel Hirschhornsalz.

(Einen Knetteig herstellen, auf Platten abbacken, ca. 15 Min. bei 180 Grad.)

Korinthenplätzchen

von Anna, Schwester der Mutter

$^3/_4$ Pfund Butter werden mit 1 Pfund Mehl, $^1/_2$ Pfund Zucker, $^1/_4$ Pfund Korinthen und 8 Gramm feinem Canehl (Zimt) zu einem Teig geknetet. Ausgerollt und mit einem Glase ausgestochen.

(Ein ganz feines Rezept. Bei 180 Grad etwa 10 Min. backen.)

Makronen

von Frau Lehrer Jürgensen

1½ Pfund Streuzucker mit 5 Eiweiß tüchtig rühren, dann dazu tun Schale 1 Citrone, 1 Pfund süße und 30 Gramm bittere Mandeln (durch die Maschine geriebene) mit einem Teelöffel aufsetzen.

(Evtl. etwas Hirschhornsalz beigeben. Von der Teigmasse kleine Portionen abnehmen und mit etwas Abstand auf ein gefettetes Blech oder auf Oblaten aufsetzen. Bei 160 Grad 20–25 Min. backen.)

Makronen

von Amanda Siemens

½ Pfund Margarine und ½ Pfund Zucker schaumig rühren, dazu tun reichlich ½ Pfund Mehl (2–3 Eßlöffel mehr), ½ Teelöffel Hirschhornsalz und ½ Pfund Kokosflocken.

(Margarine statt Butter wird angegeben. Alles gut vermischen, mit einem Teelöffel auf ein Backblech setzen, 20–25 Min. backen bei 160 Grad.)

Weiße Pfeffernüsse

von Tante Anna, Schwester der Mutter

1 Pfund Butter etwas anwärmen, dazu tun 1 Pfund Streuzucker, Vanille oder Vanillezucker, 2 Pfund Mehl und 8 Gramm Hirschhornsalz. Man kann auch anstatt Vanille Schale 1 Citrone nehmen, ¼ Pfund süße Mandeln, 10 d (Pfg.) Kardamom (1 gestr. Teelöffel), 60 Gramm Succade nehmen.

(Peppernöt backte man zu Weihnachten und Neujahr. Es gab brune Peppernöt aus dem Teig der braunen Kuchen: Mehl, Si-

rup, Butter und Nelkenpfeffer, und witte Peppernöt: Mehl, Milch, Zucker, Eier, Butter und feines Gewürz.
Pfeffernüsse enthalten keinen Pfeffer, sondern eine Gewürzmischung aus Kardamom, Nelkenpfeffer, Zimt, mitunter auch Anis. Einen Knetteig herstellen, 10 mm dick ausrollen und kleine Kugeln formen. Auf einem gefetteten Blech 15–20 Min. bei 200 Grad backen. In einer gut schließenden Dose aufbewahren.)

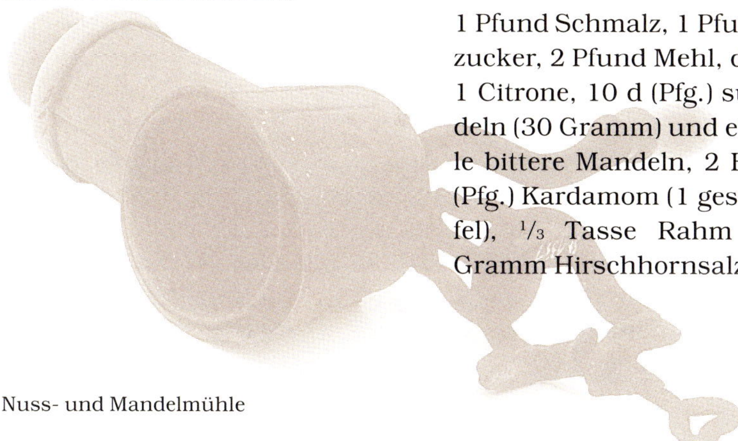

Nuss- und Mandelmühle

Weiße Pfeffernüsse

von Marie Schmidt, Ehefrau von Jacob Schmidt, Marschkoog. stammt aus Loitland / Apenrade

1 Pfund Mehl, 1 Pfund Kartoffelmehl, 1 Pfund Butter, 1 Pfund Zucker, 2 gehäufte Teelöffel Hirschhornsalz.

Weiße Pfeffernüsse

von Frau Dora Hinrichs, aus Sollerup, Geest

1 Pfund Schmalz, 1 Pfund Streuzucker, 2 Pfund Mehl, die Schale 1 Citrone, 10 d (Pfg.) süße Mandeln (30 Gramm) und ebensoviele bittere Mandeln, 2 Eier, 10 d (Pfg.) Kardamom (1 gestr. Teelöffel), 1/3 Tasse Rahm und 15 Gramm Hirschhornsalz.

Weiße Pfeffernüsse

von Olga Christian

1½ Pfund Mehl, 1 Pfund Zukker, 1 Pfund Butter, 15 Gramm Hirschhornsalz, Gewürz nach Belieben.

Braune Pfeffernüsse

von Frau Marie Schmidt, Marschkoog

2 Pfund Mehl, 1 Pfund Butter, 1 Pfund Sirup, ½ Pfund Zucker, 2 Teelöffel Hirschhornsalz.

(Sirup, Butter und Zucker im Topf erwärmen. Wenn die Masse handwarm ist, die übrigen Zutaten hinzugeben und verkneten. Rollen von 3 cm formen und ½ Std. kaltstellen. Scheiben abschneiden und auf ein gefettetes Backblech auflegen. 12–15 Min. bei 200 Grad.)

Braune Pfeffernüsse

von Dora Hinrichs, Kirchdeich

½ Pfund Sirup, ½ Pfund Streuzucker, ½ Pfund Butter, 1½ Pfund Mehl, 5 d (Pfg.) (kaum 15 gr., 12 Gramm genügen) Hirschhornsalz, 1 Citrone und sonstiges Gewürz (ich hatte 20 gr. Natron und 1 Teelöffel Hirschhornsalz)

Braune Pfeffernüsse

½ Pfund Sirup, ½ Pfund Zucker, 2 Pfund Mehl, 1 Pfund Butter, 15 Gramm Hirschhornsalz und Gewürz nach Belieben. ½ Citrone und ganz wenig feine Nelken.

Weiße Rosen-wasserkuchen *von Mutter*

2 Pfund Streuzucker mit $^{1}/_{2}$ Flasche Rosenwasser und 95–150 gr. Butter auf Feuer gesetzt bis alles geschmolzen ist, dann läßt man es etwas abkühlen und rührt dazu für 30 d (Pfg.) ($^{1}/_{4}$ Pfund) Succade, 8 Gramm Kardamom, die Schale einer Citrone, 8 Gramm Hirschhornsalz, 3 Pfund Mehl, $^{1}/_{2}$ Pfund Mandeln, 1 Löffel Rahm. Der Teig muß 1 Tag vor dem Backen angerührt werden.

(Rosenwasser wird aus den Blüten der türkischen Damaszener Rose gewonnen. Rooswater, ein beliebtes Arznei- und Pflegemittel, besorgte man in der Apotheke. Teig dünn ausrollen, mit dem Teigrad Vierecke ausschneiden, bei 175 Grad etwa 15 Min. langsam backen. Bei Kindern sehr beliebt.)

Cacao Plättchen

2 Pfund Mehl, 1 Pfund Schmalz, 2 Pfund Streuzucker, 8 Eier, 150 Gramm Cacao, 2 Teelöffel Hirschhornsalz (schlicht voll). Schmalz und Zucker 1/2 Stunde rühren, am besten 1 Tag vor dem Backen anrühren.

(Knetteig ausrollen und Plätzchen ausstechen, 10–15 Min. bei 180 Grad.)

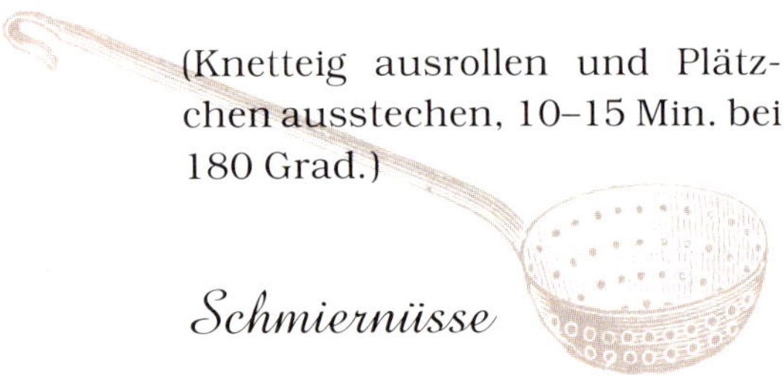

Schmiernüsse

100 Gramm geschmolzene Butter, 100 Gramm Streuzucker, 4 Eier, 1/2 Tasse Rahm, etwas Kardamom, 1/2 Citrone, 1 Messerspitze Salz, werden gut durchgerührt, dann 1 Pfund Mehl und 1 Paket Backpulver dazu tun. Mit einem Teelöffel einsetzen in kochendes Fett.

(Als Smernöt bezeichnet man Fettnüsse, kleine, kugelartige Kuchen, die in Schmalz – Smer – gekocht wurden. Früher nahm man Rindertalg oder Schmalz und gab es in einen Topf. Heute Pflanzenfett – Palmin oder Biskin – in einen Topf geben oder die Schmiernüsse in der Fritteuse ausbacken.)

Schmiernüsse

von Frau Marie Schmidt, Marschkoog

5 ganze Eier, 5 Eßlöffel Butter, 5 Eßlöffel Zucker, 5 Eßlöffel Rahm, Cardamom und Citrone und 2 Teelöffel Hirschhornsalz, soviel Mehl, daß der Teig dick wird, aber nicht zu steif. Zucker und Eier müssen noch tüchtig geschlagen werden.

Knebkuchen

von Friederike Peters

1/4 Pfund Schmalz, 1/4 Pfund Butter, 1 Pfund Mehl, 1 Eidotter, 1/4 Liter Rahm, 1 Eßlöffel Zucker, 1 Teelöffel Salz. Schmalz und Butter werden schaumig gerührt, dann Mehl und Milch dazu tun und die übrigen Zutaten, dann rollt man den Teig schön dünn aus, formt längliche Kuchen davon und bestreicht mit Eigelb oder Eiweiß. Müssen nur mäßige Hitze haben.

(Kneppkoken waren fingerdicke, viereckige Kuchen, die namentlich zu Weihnachten gebacken wurden und um die sogar gespielt wurde. Sie hatten die Form von Printen, waren nur kleiner. Etwa 15–20 Minuten bei 160 Grad backen.)

Stuten/Klöben

Weißmehlrosinenstuten

5 Pfund Mehl, etwas zurücklassen zum Nachkneten, $\frac{1}{2}$ Pfund Marzipan, kaum $1\frac{1}{4}$ Liter Milch, $1\frac{1}{2}$ Rosinen, $\frac{1}{4}$ Pfund Sukkade, 2 Tüten Kardamom (40 d Pfg.), 20 d (Pfg.) Hefe (70 gr) und Rosenessenz (30 Gramm Essenz). Milch und Butter lauwarm machen, Hefe mit bißchen Wasser ausrühren, $1\frac{1}{4}$ Liter Milch (ist noch zu viel).

(Der Rosinenstuten oder Klöben war ein besonderer Leckerbissen. Dieser bunte Stuten wurde an Weihnachten, Ostern und Pfingsten verzehrt.
Teig in mehrere Kastenformen füllen oder Laibe formen und auf ein Backblech legen. Bei 200 Grad 45–60 Min.)

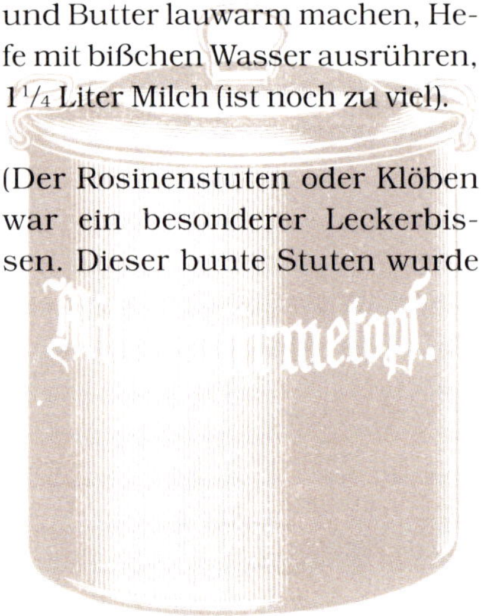

Klöben

1 kg Mehl, 50 gr. Hefe, $\frac{3}{8}$ Liter Milch, 200 gr. Zucker, 300 gr. Butter, 1 Teelöffel Salz, geriebene Schale und $\frac{1}{2}$ Citrone, 1 Kaffeelöffel Rum, 250 gr. Rosinen, 250 gr. Korinthen, 100 gr. gemahlener Citronat (Succade), 125 gr. Mandeln einige bittere oder bitteres Mandelöl (ein Paar Tropfen). Zum Bestreichen 50 gr. Butter und Puderzucker.

Die in 1/8 Liter (lauwarmer) Milch aufgelöste Hefe mit 1/3 des Mehls zu einem glatten Vorteig verarbeiten und diesen warm stellen. Nach etwa 2 Stunden das übrige Mehl, Butter (weich), Salz und Citronenschale (diese mit feinem Zucker bestreichen und mit dem Rum beträufeln) untermengen, wenn nötig noch etwas warme Milch zufügen und einen festen Teig kneten, solange, bis er sich von der Schüssel löst. Dann erst die Rosinen, Corinthen, Mandeln und Succade untermischen. Den Teig bis zum doppelten Quantum aufgehen lassen. Dann 2 Stollen formen. Diese flachdrücken, mit reichlich Butter bestreichen und in Taschenform zusammenklappen, das untere Teil soll etwas überstehen. Dann auf dem gefetteten Backblech nochmals 1/2 Stunde gehen lassen, wieder mit Butter bestreichen und bei mittlerer Hitze 1 bis 1 1/4 Stunde backen. Nochmals mit Butter bestreichen und Puderzucker bestreuen.

Kringel

Kleine Kringel

von Olga Christian

1 1/2 Pfund Mehl, 2 Eier, 1/2 Pfund Butter, 1/2 Pfund Zucker, 1 Eßlöffel Rahm, 2 Teelöffel Hirschhornsalz, Gewürz nach Belieben.

(Einen Knetteig herstellen, im Kühlschrank etwas ruhen lassen, lange, dünne Rollen formen, Stücke abschneiden und in Kringeln legen. Dann 10–15 Min. bei ca. 180 Grad backen.)

Zuckerkringel

1 Pfund Mehl, 1/2 Pfund Butter, 1/4 Pfund Zucker, 1 Ei. Alles gut durchkneten und mit Zucker und Canehl (Zimt) bestreuen. 25 Minuten backen.

(Zuckerkringel, ein einfaches Backwerk, das man besonders gern bei Kaffeehochzeiten – Hochzeit von Unbemittelten, wo es nur Kaffee und Kuchen gab –, bei Kindtaufen und Leichenbegräbnissen reichte. Auffallend ist bei Luises Kringelrezepten, dass kein Anis verbacken wurde, wie bei den sehr harten und lange haltbaren Störkringeln.
Einen Knetteig herstellen, kalt stellen, dünn ausrollen, Kringel formen und bestreuen.)

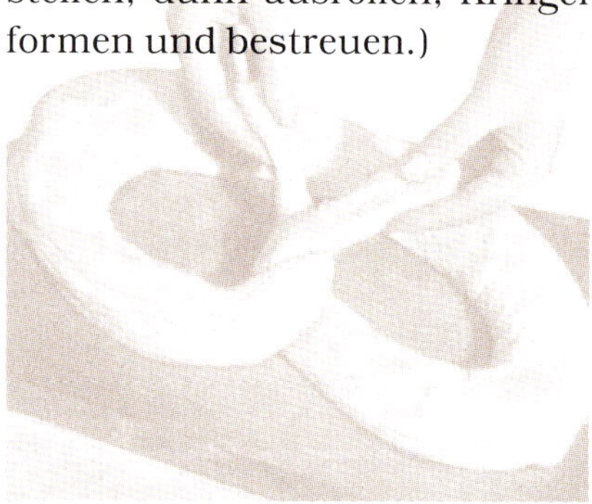

Makronenkringel *von Mutter*

1 1/8 Pfund Mehl, 1 Pfund Streuzucker, 4 Eier, 7 Lot (105 Gramm) Butter, 75 Gramm süße und 75 Gramm bittere Mandeln, die Schale einer Zitrone, eine Kleinigkeit Hirschhornsalz. Die Kringel werden mit Ei bestrichen und mit Zucker bestreut.

(Einen Knetteig herstellen, bei 170 Grad etwa 10–15 Min.)

Butterkringel *von Frl. Klapp*

1 Pfund Mehl, 1/2 Pfund Butter, 1 kleine Tasse dünner Rahm, 1 Teelöffel Hirschhornsalz. Dies wird alles zusammen geknetet, dann ganz dünn ausgerollt, mit Butter bestrichen, dann wieder zusammengelegt und wieder ausgerollt. In kleine dünne Striemen geschnitten und Kringel geformt und mit Ei bestrichen und mit Zucker bestreut.

(Eine Art Blätterteig wird hergestellt. Bei 170 Grad etwa 10–15 Min. backen)

Kleine Kringel *von Lieschen Peters*

1 Pfund Mehl, 1/4 Pfund Zucker, 1/2 Pfund Butter, 1 Ei. Zum Aufstreichen 1 Ei und 1/2 Tasse Zukker.

Förtchen

von Rieke, Friederike Peters

1/2 Pfund Butter und 2 Liter Milch zusammen kochen, während des Kochens werden 2 Pfund Mehl trocken dazu gerührt. Ist er abgekühlt, werden 12 Eier, 2 Pfund Mehl, für 10 d (Pfg.) Gest (Hefe, 35 gr) und Gewürz dazu gerührt. (Kardamom, etwas Zitrone)

(Förtchen waren ein sehr beliebtes Gebäck. Der Teig mit den Gewürzen wurde in der Ogen- oder Förtenpann in Fett gebacken. Diese hatte mehrere halbkugelförmige Vertiefungen, in die Fett und kleine Teigbällchen gegeben wurden. Die Ogenpann oder Augenpfanne stellte man neben das Feuer und backte die Förtchen bei mäßiger Hitze aus. Sie konnten auch in einem Grapen mit siedendem Schmalz ausgebacken werden. Man servierte Förtchen als Mittagessen mit einer süßen Suppe oder warm in Zucker gestippt zum Kaffee oder Tee.
Förtchen wurden mit Vorliebe am Altjahrsabend und Neujahr gegessen.
Alles gut verrühren, etwa 1 Stunde gehen lassen. In eine Förtchenpfanne etwas Butter und Teig mit einem Löffel einsetzen. Hellbraun auf einer Seite backen, dann mit einer Gabel wenden und die andere Seite ebenso backen. In Zucker wälzen und warm essen. Oder in der Fritteuse ausbacken.
Möglich ist auch: Palmin erhitzen, löffelweise den Teig einsetzen, bis die Förtchen braun sind.)

Förtchen

aus Tante Minnas Rezeptbuch, Minna Peters, unverh., Tetenbüll

6 Eidotter werden mit 125 gr. geschmolzener Butter, 1 Liter warmer Milch, 2 Pfund Mehl, Citronenschale, Corinthen, Cardamom sowie 50 gr. Hefe angerührt und nach 2 Stunden aufgehen, zuletzt den Schaum von 6 Eiern hinzugeben. Warm backen.

Förtchen

1 Liter Milch mit 1½ Pfund Mehl kochen, 9 Eier, etwas Kardamom und 1 Tasse Butter dazu tun. Wenn die Eier geschlagen sind, tut man ¾ Mehl und 1 Teelöffel Natron dazu. Mit einem Teelöffel einsetzen.

Förtchen ohne Hefe

von Marie Schmidt, Marschkoog

1 Liter Milch und ½ Pfund Reismehl abbacken. Wenn es abgekühlt ist, 5–6 Eier darin schlagen und soviel Mehl darin rühren, daß man die Förtchen gut einsetzen kann.

(Bei Förtchen ohne Hefe wird die Milch aufgekocht und das Mehl untergerührt. In den lauwarmen Teig die übrigen Zutaten vermengen.)

Förtchen

½ Pfund Mehl, ½ Liter Milch und ¼ Pfund Butter abbacken. Dann vor dem Einsetzen 6 Eier, ½ Pfund Mehl, Citronen, Cardamom, Rosinen und eine Messerspitze Natron dazu tun.

Gusseiserner Sparherd, um 1880

Berliner Pfannkuchen

von Tante Anna, Schwester der Mutter

1/4 Liter Milch, 1/4 Pfund abgeklärte Butter, 1 Ei, 5 Eidotter, 50 gr. Hefe, 50 gr. Zucker, 1 Teelöffel Salz und feines Mehl, soviel der Teig aufnimmt. Mehl und Butter werden erwärmt, dann schlägt man die Eier, rührt die lauwarme Milch nebst Hefe, Zucker und Salz hinzu und macht dies mit dem

Mehl zu einem leichten Teig. Wenn er aufgegangen ist, wird er ausgerollt und mit Eiweiß bestrichen und Marmelade dazwischen getan.

(Der Teig wird ausgerollt und kleine Platten ausgestochen. Eine Platte wird mit Marmelade belegt und eine zweite Platte darauf gelegt. Wo die Platten aufeinanderstoßen, kann man sie mit Eiweiß bestreichen, damit sie zusammenhalten. Mit einem Messer vorsichtig in das kochende Fett heben und hellbraun backen.)

Reiskuchen

Tante Minna Peters, wohnte im ehemaligen Gemeindebüro

Reis in Milch und Wasser weich kochen, dann 3 Eigelb, Rosinen, etwas Butter, Zucker, Citrone, feiner Canehl und den Eierschnee dazu, dann noch einige Löffel Mehl, in Fett backen.
(Es sind kleine Kuchen, die wie Förtchen behandelt werden.)

Suschen (Löffelpfannkuchen)

1/4 Pfund Butter, 1/4 Pfund Mehl, 5 Eier. Anrühren lassen.

(Suschen kommt von susen, aufgehen.
Butter, Eier, Mehl verrühren, gehen lassen. Dann löffelweise in die heiße Pfanne geben, beide Seiten goldbraun backen.)

Fastnachtsbäckerei

Heißewecken

von Constanze Schätzel

3 Pfund Mehl, 1 Liter Milch, 10 d (Pfg.) Hefe (35 gr) und 300 Gramm Rosinen zu einem Teig kneten, nachher 1 Pfund Butter zerstücken und in den Teig kneten.

(Heißewecken waren ein Fastnachtsgebäck, das am Fastnachtstag, Tag nach Rosenmontag,und an den Tagen zuvor gerne verzehrt wurde. Heetweek wurden von den Bäckern als runde Kuchen von etwa 10 bis 15 cm Durchmesser hergestellt. Mit Butter bestrichen und in Milch oder Eiermilch aufgeweicht, wurden sie oft zu jeder Mahlzeit in der ersten Hälfte der Fastenwoche gegessen. Bäckerjungen oder alte Männer und Frauen zogen mit einem Weidenkorb mit Deckel über Land, um Heißewecken an der Haustür zu verkaufen. Heute werden sie in der Fastnachtswoche angeboten.

Zutaten verrühren und Teig aufgehen lassen. Dann die kalte Butter hineinkneten und wieder gehen lassen. Dann den Teig 1 cm dick ausrollen. Wecken mit einer Tasse ausstechen und auf ein gefettetes Backblech setzen. Bei 200 Grad etwa 15–20 Min. backen. Vor dem Backen mit Eigelb oder nachher mit flüssiger Butter bestreichen, warm essen.)

Heißewecken

von derselben

2 Pfund Mehl,
4 Eier, 120 Gramm Zucker, 80 Gramm Hefe, 2 Tassen Milch, ½ Pfund Korinthen zu einem Teig kneten, nachher 1 Pfund Butter zerstücken und hinein kneten.

(Dieses Rezept ist feiner, da Eier verarbeitet werden. Auf das Backblech legen, genügend Platz lassen, da sie aufgehen.

Das Hedeweckendreihn gehört zu den sehr alten Fastnachtsbräuchen. Eine Spielerrunde traf sich in der Backstube des Dorfbäckers und jeder zahlte einen Einsatz, der dem Wert einer Hedewecke entsprach. Dann wurde der Zeiger in Schwung gesetzt und die Spieler notierten sich die auf dem Glücksrad erdrehten Zahlen. Wer die höchsten Punktzahlen erreichte, erhielt anteilig als Gewinn frisch gebackene Hedewecken.)

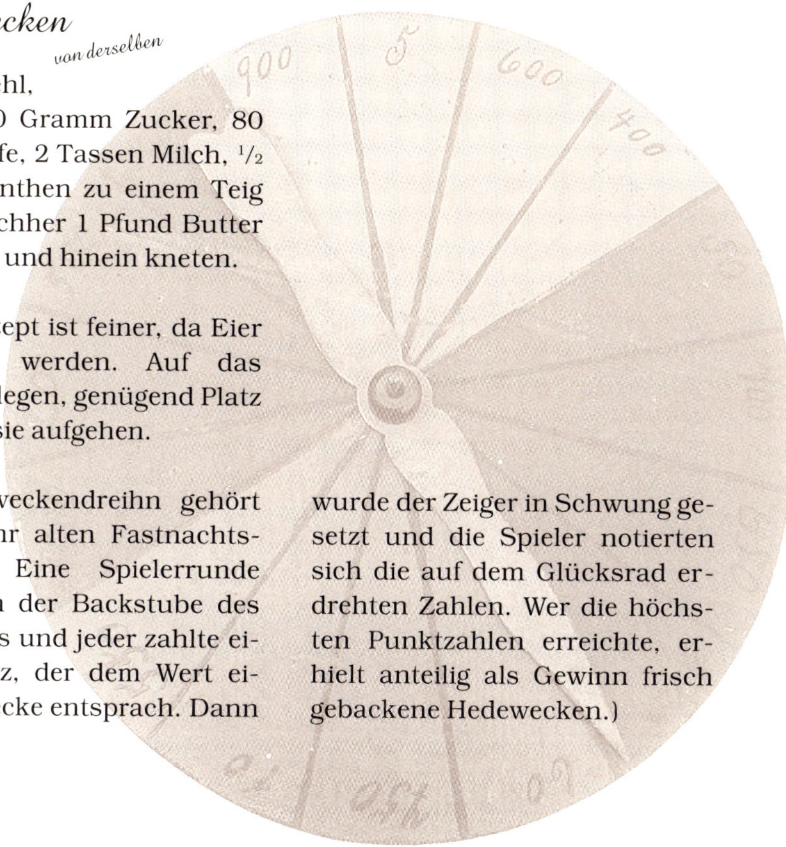

Hedewecken-Drehrad

Kriegs- und Sparrezepte

Kriegsmakronen *von Tante Anna*

100 Gramm Butter zur Salbe rühren, 1/4 Pfund Zucker, 1 ganzes Ei, 200 Gramm Haferflocken, 1 P. Vanillezucker und 1 Messerspitze Backpulver.

(Dies waren in den Mengen nicht so üppige Rezepte. Mit Teelöffel Häufchen auf ein gefettetes Backblech setzen. Bei 160 Grad etwa 25 Minuten backen.)

Kriegsmakronen

3 Tassen Haferflocken, 2 Tassen Zucker, 2 Tassen Mehl, 1 Tasse Butter, 2 Eier, 2 Teelöffel Backpulver, 1 P. Vanillezucker. Die ganzen Eier und Zucker tüchtig schlagen, dann die Haferflocken darauf tun und die heiße Butter auf die Haferflocken tun, einen Augenblick einziehen lassen, dann alles dazu tun.

Kriegskuchen

1/2 Pfund Zucker, 4 Eier, das Weiße zu Schnee, 1/2 Pfund Grieß, 1/2 Pfund geschälte, gekochte Kartoffeln, Saft von 1 1/2 Citronen, 1 P. Backpulver.

(Einen Rührteig herstellen, in einer Springform 45 Min. bei 180 Grad backen.)

Kaffeetorte

von Oma Kock. Schwiegermutter der Schwester Anna

5 Tassen Mehl, 3 Tassen Zucker, 1 Tasse Kaffeeersatz, Milch, 1 gehäufter Teelöffel Natron oder 1 P. Backpulver.

Kaffeetorte

von Frl. Miede Piehl

2 Tassen Mehl, 1 Tasse Zucker, 1 Tasse Kaffeeersatz, 1 Tasse Milch, 1/2 P. Backpulver.

Buttermilchkuchen

4 Tassen Buttermilch, 4 Tassen Zucker, 8 Tassen Mehl, 2 Teelöffel Natron, 20 d (Pfg.) Canehl, 1/2 Backpulver und braunes Kuchengewürz.

(Kein Fett und keine Eier angegeben. Teig ausrollen, Formen ausstechen und zehn Minuten bei 180 Grad abbacken.)

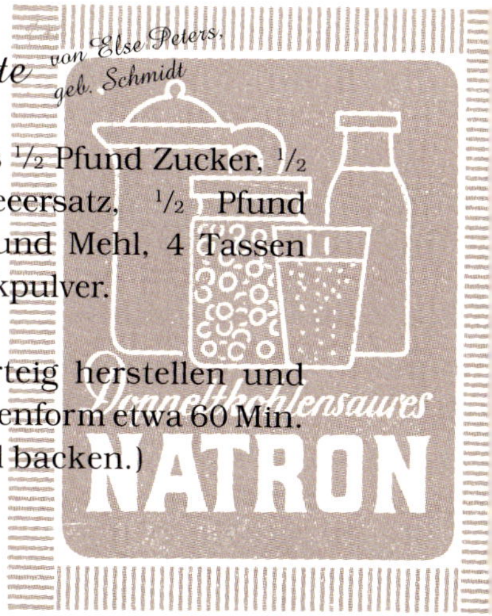

Kaffeetorte

von Else Peters, geb. Schmidt

4 Eier, 1/4 bis 1/2 Pfund Zucker, 1/2 Pfund Kaffeeersatz, 1/2 Pfund Grieß, 1/2 Pfund Mehl, 4 Tassen Milch, 2 Backpulver.

(Einen Rührteig herstellen und in einer Kastenform etwa 60 Min. bei 175 Grad backen.)

Kartoffeltorte *von Tante Ida*

1 Pfund geriebene gekochte Kartoffeln, die heiß gerieben werden müssen, gleich wenn sie gar sind (geschälte), 1/2 Pfund Zucker, 3 Eier, das Weiße zu Schnee, Saft und Schale 1 Citrone. Die Kartoffeln müssen heiß zu den Eiern und Zucker gerührt werden.

(Ebenfalls ein einfaches Rezept. Es fehlten das Treibmittel und Fett.
Eigelb und Zucker schaumig rühren, Kartoffeln dazu, zuletzt Eiweiß unterheben. In einer Springform bei 180 Grad etwa 45–60 Min. backen.)

Kartoffeltorte *von Dora Thomsen, Freundin aus Garding*

1/2 Pfund geriebene, am Tag vorher gekochte Pellkartoffeln, 1/2 Pfund Mehl (halb Kartoffelmehl), 1/8 Liter Milch, 1 P. Soßenpulver (Vanillesauce), 1/2 Citrone, 175 Gramm Zucker, 1 ganzes Ei, ein bißchen Salz, 1 Oetker Backpulver (sonst ein bisschen Hirschhornsalz dazu), 100 gr. Rosinen oder 3–4 geriebene Äpfel. 1 Stunde backen.

(Bei 180 Grad etwa 60 Min. backen.)

Sandtorte ohne Fett

3 Eier mit 2 Tassen Streuzucker und 2 P. Vanillezucker $^1/_4$ Stunde rühren. $1^1/_2$ Tassen Mehl, $1^1/_2$ Tassen Kartoffelmehl dazu tun und nochmals 10 Minuten rühren, $^1/_2$ Paket Backpulver dazu tun. Zuletzt eine Tasse kochende Milch, nochmals gut verrühren. Es kann etwas weniger Zucker und etwas mehr Backpulver genommen werden (1 Teelöffel Hirschhornsalz und 1 Teelöffel Natron)

(Ein einfaches und sparsames Rezept. Nach dem Rühren sofort in den heißen Backofen. Bei Mittelhitze etwa 60 Min. backen)

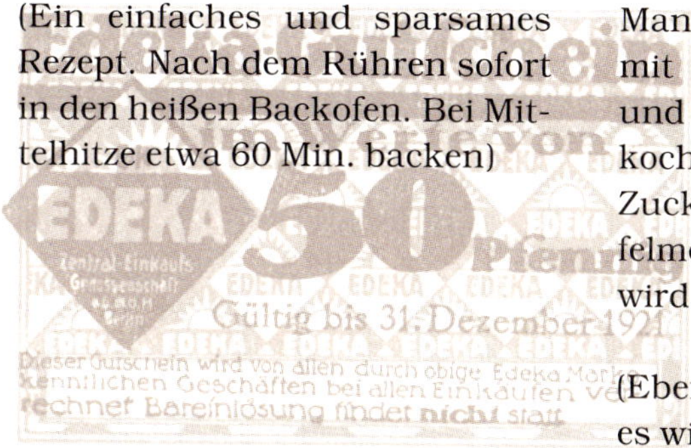

Apfelkuchen

von Frau Samuelsen, Frau des Lehrers

1 Ei, $^1/_2$ Pfund Mehl, kaum $^1/_4$ Pfund Butter, ein Eßlöffel schlicht voll Zucker wird zu einem Teig geknetet, ausgerollt und in 2 Platten gebacken. Man nimmt geschnittene Äpfel, mit Korinthen, Citronenschale und Saft und ein wenig Wasser, kocht alles zusammen, tut etwas Zucker daran und nimmt Kartoffelmehl daran, damit es steif wird.

(Ebenfalls ein einfaches Rezept, es wird nur ein Ei verarbeitet.)

Haferflockennüsse

von Frau Timm, Flüchtling

$^1/_2$ Pfund Haferflocken, $^1/_2$ Pfund Zucker, 2 Eier, 2 Teelöffel Hirschhornsalz, 2 Eßlöffel Kakao, 50 Gramm Butter und 6 Eßlöffel Mehl.

(Butter und Zucker schaumig rühren, die anderen Zutaten hinzu, mit zwei Teelöffeln kleine Kugeln aufs Blech legen, 10–15 Min. bei 180 Grad backen.)

Kakaokuchen

3 Eier, $^1/_2$ Pfund Zucker tüchtig schlagen, $^1/_4$ Liter Milch, 1 Prise Salz, Vanille, 3 Eßlöffel Kakao, 1 Pfund Mehl, 1 P. Backpulver.

(Einfaches Rezept. Rührteig auf ein Backblech streichen und 20–30 Min. bei 180 Grad backen.)

Buttercremeersatz

von Constanze Schätel

$^1/_4$ Liter süße Milch,
1 Teelöffel Butter, 2 Kaffeelöffel Maizena zusammen aufkochen. 1 Eigelb und 2 Eßlöffel Zucker rühren und dazu tun. 3 Blatt weiße Gelantine in 3 Eßlöffel Wasser auflösen und dazu tun. Mit Chocolade, Nüsse oder Vanille mischen. 2 Stunden nachher verwenden.

(Ersatz für Buttercreme aus Puddingpulver und Butter.)

Schlagsahneersatz *von Constanze*

$^1/_4$ Liter Milch wird mit 1 Löffel Zucker gekocht und 3 Blatt geweichte Gelantine darin aufgelöst. 2 Eiweiß werden zu steifem Schnee verschlagen und allmählich mit der kalten Milchmasse vermischt. Nach 2 Stunden erst zum Verzieren von Torten zu gebrauchen.

(Eiweiß als Ersatz für Schlagsahne.)

Marzipanmasse *von Constanze*

zum Zwischenstreichen von Kuchen
$^3/_4$ Pfund gekochte, kalte, geriebene Kartoffeln, $^1/_4$ Pfund Weizengrieß, $^1/_2$ Pfund Zucker, etwas bitteres Mandelöl. Alles zusammen auf dem Feuer abbacken.

(Ein Ersatzrezept für echtes Marzipan aus Mandeln, Puderzucker, Eiweiß und Zitronensaft.)

Marzipan

2 Tassen Grieß, 2 Tassen Zucker und 2 Tassen Milch zusammen aufkochen und stundenlang abkühlen lassen. Dann mit $1^1/_2$ Pfund Staubzucker und Mandelöl durchkneten. Man kann auch Streuzucker nehmen, muß es dann zwischen 2 Pergamentpapier legen und mit einem heißen Bügeleisen plätten.

Marzipan

½ Pfund Streuzucker, ½ Pfund Grieß, 2–3 Eßlöffel Milch, Mandelöl nach Geschmack, 1 Eßlöffel zerlassene Butter. Grieß und Zucker zusammen mischen und mit Milch, Butter und Mandelöl gut kneten.

(Die Masse in einem überschlagenen Backofen trocknen.)

Siruprezept

1 Pfund Zucker, ¼ Liter schwarzer Kaffee, 1 Eßlöffel Essig und 2 Eßlöffel saurer Johannisbeersaft werden zusammen auf gelindem Feuer, ohne Deckel, 20 Minuten aufgekocht. Es wird 1 Pfund Sirup.

(Ein Ersatzrezept, sonst wurde Sirup aus Rübenschnitzeln hergestellt, die im Topf eingekocht wurden.)

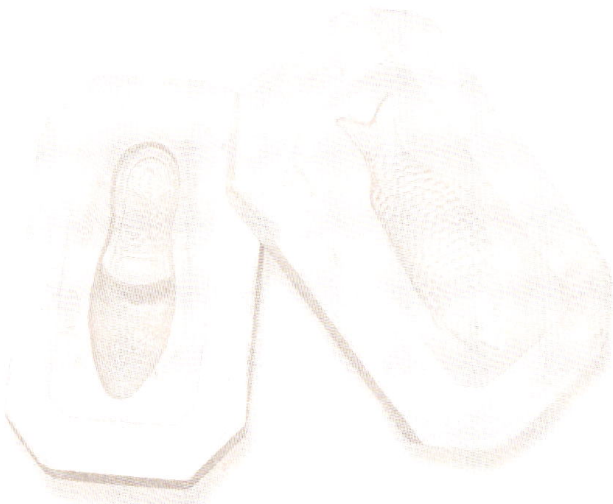

Teige

Tortenboden

von Thora Volquardsen, Trockenkoog. Sie stammt aus Ruttebüll, Nordschleswig

5–7 Eier, 1½ Tassen Zucker, 1 Tasse Kartoffelmehl, ½ Tasse Mehl, ½ Paket Backpulver, Eiweiß schlagen, wenn es recht steif ist, ⅔ vom Zucker dazu, dann Eier dazu, dann den Rest Zucker, Mehl, Kartoffelmehl und Backpulver dazu, Mehl, Kartoffelmehl und Backpulver zusammen mischen. Frau Volquardsen nimmt 5 Eier, die anderen Sachen wie angegeben.

(Bei 190 Grad 20–25 Min.)

Mürbeteigplatte

von Else Peters

½ Pfund Mehl, ¼ Pfund Margarine, ⅛ Pfund Zucker, 1 Eigelb, zusammen kneten.

(Mürbeteig herstellen und kaltstellen. In eine Springform geben, mit der Gabel den Teig einige Male einstechen. 15–20 Min. bei 180 Grad backen.)

Mürbeteig

von Tante Anna, Schwester der Mutter

½ Pfund geschmolzene Butter, ¼ Pfund Streuzucker, 1 Pfund Mehl, 2 Eidotter, 1 Löffel Rum, das Innere einer Stange Vanille.

Tortenboden

von Else Peters, geb. Schmidt, Tetenbüll

¼ Pfund Mehl,
¼ Pfund Butter, ¼ Pfund Zucker, 2 Eier, 2 gestrichen volle Teelöffel Backpulver, Citrone.

Bisquit zum Kochen

8 Eidotter werden mit ½ Pfund Streuzucker, Saft und Schale einer Zitrone schaumig gerührt, einige fein geriebene Mandeln tut man dazu, dann ¼ Pfund Kartoffelmehl und den Eierschnee. Der Bisquit muß 1¼ Stunde kochen. (auf Wasser oder einigen Kohlen)

(In einer Puddingform kochen. Dieser Bisquit ist besonders leicht und bekömmlich für Kinder.)

Bisquit zum Backen

10 Eigelb werden mit 350 Gramm Zucker und Citronenschale und Saft ¾ Stunde gerührt, dann kommt 150 Gramm Kartoffelmehl und Schnee der 10 Eier dazu. Nur nach einer Seite rühren.

(Eigelb und Flüssigkeit schaumig rühren, Zutaten vorsichtig untermengen. Den Teig in eine mit Papier ausgelegte Springform füllen. Etwa 30–50 Min. bei 170 Grad backen.)

Russischer Bisquit *von Feldhusen*

½ Pfund Zucker, 160 Gramm Butter, 60 Gramm bittere Mandeln, 100 Gramm Kartoffelmehl, 2 Teelöffel Backpulver und 8 Eiweiß. Zucker und Butter 20 Minuten rühren, dann die Zutaten dazu und zuletzt den Eischnee.

(In eine Springform füllen, 35–50 Min. bei 170 Grad backen. Teig durchschneiden und mit Sahne füllen.)

Bisquit *von Alma Thomsen*

6 Eier, das Weiße zu Schnee, 1½ Tassen Zucker, Eiergelb und Zucker zusammenrühren, dann 4½ Eßlöffel kochend heißes Wasser dazu rühren und 1½ Tassen Mehl und 1 Paket Backpulver, dazu den Eierschnee.

(Gutes Bisquitrezept, wird in der Springform abgebacken.)

Bisquit *von Tante Anna, Schwester der Mutter*

100 Gramm Weizenmehl, 100 Gramm Gustin, 200 Gramm Zucker, 3 Eier, das Weiße zu Schnee, 4 Eßlöffel Wasser, ½ Paket Backpulver, das Abgeriebene und 1 Löffel Saft einer Citrone. Eigelb recht tüchtig schlagen, dann mit dem Wasser und dann mit dem Zucker tüchtig rühren.

(Eier trennen, Eischnee steif schlagen, Eigelb, Wasser und Zucker zu einer festen Masse verrühren, restliche Zutaten und Eischnee unterheben. In eine mit Backpapier ausgelegte gefettete Springform füllen. 30 Min. bei 180 Grad. Nach dem Backen 1–2 Mal durchschneiden und füllen.)

Bisquit

von Thora Volquardsen, Trockenkoog

3 ganze Eier tüchtig schlagen mit 1/4 Pfund Streuzucker, dann 1/4 Pfund Kartoffelmehl und 1/2 P. Backpulver dazu tun.

(Bei 180 Grad etwa 30 Min.)

Mehltonne

Blätterteig

1/2 Pfund Butter, 1/2 Tasse dicken Rahm, 1 Ei, 1 Prise Salz, 1/2 Pfund Mehl. Das Mehl tut man auf ein Brett, macht eine Vertiefung und tut da das Ei, den Rahm und die Prise Salz hinein, bedeckt alles mit Mehl und tut dann die Butter in Flöckchen darüber. Mit einem breiten Messer verarbeitet man die Masse solange, bis ein Kloß daraus geworden ist. Einen Tag vorher anrühren und kalt stellen.

(Am anderen Morgen dünn ausrollen und auf ein mit kaltem Wasser abgespültes Backblech aufstreichen. Etwa 30 Min. bei 170 Grad backen.)

Plattenkuchen

Plattenkuchen zum Zwischenstreichen

5 ganze Eier, 1/4 Pfund Butter, 3/4 Pfund Streuzucker, 1 Pfund Mehl, etwas Kardamom oder Citrone, 1 Teelöffel Hirschhornsalz.

(Einen Rührteig herstellen, abbacken bei 180 Grad 30 Min., dann durchschneiden und mit Gelee, Marmelade oder Creme bestreichen, in kleine Stücke schneiden.)

Plattenkuchen von Mutter

3/4 Pfund Butter, 1 1/2 Pfund Streuzucker, 10 Eier, das Weiße zu Schnee, 3/4 Pfund Puder, 8 Gramm feiner Kardamom, 1/8 Pfund süße Mandeln, 15 Gramm Hirschhornsalz und so viel Mehl, daß der Teig einigermaßen steif wird. Mit Canehl, Mandeln und Zucker überstreuen.

(Zutaten zusammenrühren, auf ein gefettetes Backblech geben und 30 Min. bei 180 Grad backen.)

Fruchtkuchen

1 Pfund Mehl, 1/4 Pfund Streuzucker, 1/4 Pfund Butter, 1 Tasse Rahm, 1 Ei und 1 P. Backpulver. Die Hälfte des Teiges ausgerollt auf die Platte gelegt, dann 1 Pfund Pflaumenmus gekocht oder nur die Steine aus den gekochten Pflaumen herausgenommen und über den Teig gestrichen, dann die andere Hälfte des Teiges darüber gelegt, mit Canehl und Zucker bestreut.

(Mürbeteig herstellen und ruhen lassen. Bei 180 Grad etwa 30–45 Min. backen)

Gestplattenkuchen (Hefe)

1 Pfund Mehl, 1 Pfund Butter, 3 Eier, reichlich 1/2 Liter Milch, Kardamom oder Citrone. für 20 d (Pfennig) Gest (oder 6 Eßlöffel ausgerührter Gest), 1/2 Pfund Rosinen. Die Butter wird zuletzt in den Teig in Stücken getan und durchgeknetet. 60 gr. Succade. Hefe 70 gr. für 20 d (Pfg.)

(Mit der Kuchenrolle auf das Backblech ausrollen.)

Hefe-Plattenkuchen

$1^{3}/_{4}$ Pfund Mehl, $^{3}/_{4}$ Pfund Butter, $^{1}/_{2}$ Pfund Rosinen, 2 Eier, $^{1}/_{4}$ Liter Milch, $^{1}/_{4}$ Pfund süße Mandeln, $^{1}/_{2}$ Pfund Zucker, 10 Pfg. Hefe (50 gr.). Wenn der Kuchen abgebacken ist überstreicht man ihn heiß mit Puderzuckerguß.

(Hefe in der Mehlmulde ansetzen. Dann Zutaten nach und nach verrühren, den Teig gut gehen lassen, auf ein gefettetes Backblech streichen, nochmals gehen lassen. Bei 220 Grad etwa 15 Min. backen.)

Streuselkuchen

von Liese Marwig, Hausschlachter aus Katharinenheerd

$^{1}/_{4}$ Pfund Butter,
$^{1}/_{2}$ Pfund Zucker, 1 ganzes Ei und 1 Pfund Mehl werden mit 2 Pfund Apfelschnitte vermischt und gebacken, es muß wohl auch Backpulver hinein?

(Teigmasse auf ein Backblech aufstreichen, 30–40 Min. bei 180 Grad.)

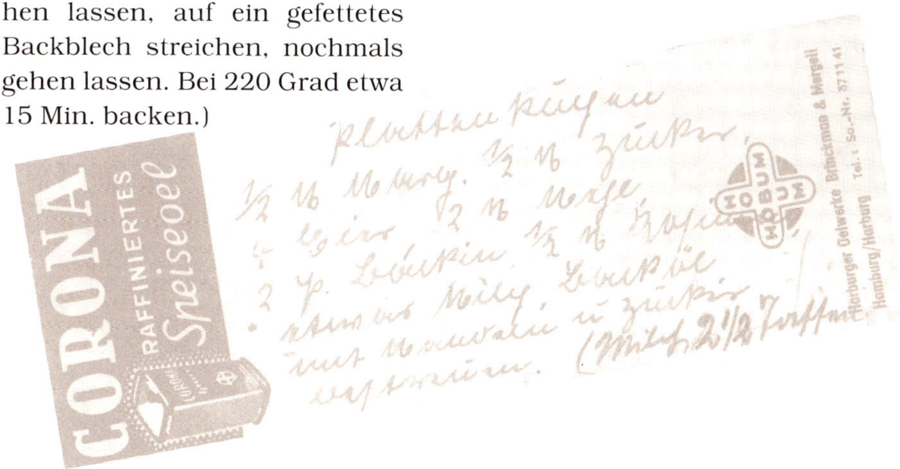

Torten und Kuchen

Apfeltorte

von Rieke, Friedericke Peters, Nachbarin

2 tiefe Teller fein geschnittene Äpfel, $^{1}/_{2}$–$^{3}/_{4}$ geriebenes Weißbrot, für 10 d (Pfg.) Kardamom, $^{1}/_{2}$ Pfund Butter, 1 Pfund Streuzucker, $^{1}/_{4}$ Pfund Korinthen. Die Äpfel werden mit einem Glas Rum, mit dem Zucker und den Korinthen geschmort.

(Weißbrot wird in der Butter goldbraun gebacken. In die Springform eine Lage Brot, dann die Äpfel, oben Brot, darauf Butterflöckchen. 46–60 Min. bei 180 Grad)

Apfeltorte

von Rieke

1$^{1}/_{2}$ Pfund gekochte, geriebene Kartoffeln, am Tage vorher gekocht. $^{1}/_{2}$ Pfund Butter, $^{3}/_{4}$ Pfund Streuzucker, 1 Citronenschale, einige fein gehackte Mandeln, den Saft von 2 Citronen, 10–12 Eier und 2 tiefe Teller fein geschnittene Äpfel. Die Butter wird zur Sahne gerührt, dann kommt Zucker und Eigelb dazu, alles zu Schaum rühren, ebenfalls Mandeln und Gewürz mit, dann das Eiweiß zu Schnee und mit den Kartoffeln und Äpfeln zu der Masse getan.
Es wird eine große Torte und muß beim Backen ziemlich viel Hitze von unten haben.

(Die Teigmischung auf dem Blech ausstreichen und bei 200 Grad etwa 30–45 Min. backen. Wahrscheinlich gedacht für eine große Gesellschaft oder zur Treibjagd.)

Apfelkuchen

von Miede (Marie) Piehl

1/4 Pfund Butter und 150 Gramm Zucker zur Sahne verrühren, 2–3 ganze Eier dazu rühren, 1/2 Pfund Mehl, 1/2 Paket Backpulver und 1 tiefen Teller Apfelstücke dazu tun.

(Einen Rührteig herstellen. Die Teigmischung mit den Apfelstücken in eine gefettete Springform geben und bei 180–190 Grad etwa 30 Min. backen. Kein großer Kuchen)

Apfelkuchen

von Rieke

Auf eine viereckige Salatiere Apfelmus nimmt man für 30–40 d (Pfg.) gewöhnliche Zwiebacken. Ein Stück Butter schmilzt man in der Pfanne, die gestoßenen Zwiebacken damit anfeuchten, etwas Zitrone und Zucker muß daran. Wenn alles gut miteinander verbunden ist, tut man schichtweise Zwiebacken und Apfelmus, der recht dick sein muß, in die Form, am besten in einer braunen Schüssel und läßt ihn im Ofen etwas antrocknen.

(In eine Steingutschüssel füllen, etwa bei 100 Grad trocknen.)

Apfelstrudel

von Edith Drews,

1/2 Pfund Butter, 1/2 Pfund Zucker, 1 Pfund Mehl, 1 P. Backpulver, 1 Citrone, 3 Eier, das Weiße zu Schnee, 1 großer Teller Apfelschnitte. Mit Zwieback und Zucker bestreuen.

(Teig auf einem Tuch ganz dünn ausrollen, mit Äpfeln belegen und aufrollen. Auf einem Backblech 30 Min. bei 180 Grad abbacken.)

Apfelkuchen *von Miede Piehl*

1/4 Pfund Butter, 150 Gramm Zucker zur Sahne rühren, 2–3 ganze Eier, 1/2 Pfund Mehl, 1/2 P. Backpulver und 1 tiefer Teller voll Apfelschnitte dazu tun. 1 Std. backen.

Mürbeteig *von Tante Anna, Schwester der Mutter*

600 Gramm Mehl, 300 Gramm Butter, 300 Gramm Zucker, 3 ganze Eier, 2 P. Vanillezucker, 1 P. Backpulver. Der Kuchen wird durchgeschnitten, die Kuchenteile werden etwas mit Wasser angefeuchtet und mit Äpfeln oder sonstiger Frucht gefüllt. Der Teig muß tüchtig geknetet werden.

(Die Teigmasse wird geteilt, der halbe Teig in die Springform gelegt, belegt und die zweite Hälfte aufgelegt, dann abgebacken.)

Apfelkuchen

4 Eier, das Weiße zu Schnee, 1/2 Pfund Zucker, 1/2 Pfund Mehl, 1/2 Pfund geschnittene Äpfel und 1 P. Backpulver.

(In eine Springform füllen, 35 Min. bei 180 Grad backen.)

Apfelkuchen *von Tante Anna*

1/4 Pfund Butter, 1/4 Pfund Zucker, 200 gr. Mehl, 3 Eier, 3/8 Backpulver.

Feiner Apfelkuchen

Neuer Schnitt 9/59 von Frau Rathmann Johannes Peters,

200 gr. Butter, 70 gr. Zucker, Salz, 2 Eier, 250 gr. Mehl, 1 Teelöffel Backpulver, abgeriebene Schale einer halben Citrone. Belag: 1 kg Äpfel, 2 Eßlöffel Rum, 50 gr. Rosinen, Zucker und Zimt nach Geschmack, 1 Tasse Zucker, Vanillezucker, abgeriebene Citronenschale, 100 gr. geriebene Nüsse. Butter, Zucker und Eigelb schaumig rühren, Salz und Citrone hinzugefügt und zuletzt das gesiebte Mehl mit dem Backpulver vermischt. Man läßt den Teig circa 30 Minuten kalt stehen. Inzwischen schält man die Äpfel, befreit sie vom Kernhaus und schneidet sie in kleine Stücke. Mit Rum, Zucker und Rosinen, Zimt weich dünsten. Den Teig rollt man fingerdick aus, legt ihn auf ein gefettetes Backblech und belegt ihn dick mit der Apfelmasse. Nun schlägt man das Eiweiß zu steifem Schnee, zieht Vanillezucker, Citronenschale, Zucker und Nüsse leicht darunter und verteilt das Ganze über den Belag. Nachdem die Oberfläche glatt gestrichen ist, backt man den Kuchen bei mittlerer Hitze 20–30 Minuten.

Apfeltorte (Mürbeteig)

300 gr. Mehl, 100 gr. Zucker, 1/4 Pfund Butter, 1 Backpulver, 1–2 Eier, 2 Teile mit dem Apfelmus dazwischen, harte Margarine nehmen.

(Zwei Teigplatten herstellen, Apfelmus dazwischenstreichen, 30 Min. bei 180 Grad backen.)

Sandtorte *von Mutter*

1 Pfund Butter abklären und zu Salbe rühren, dann 1 Pfund Streuzucker, schaumig rühren, 10 Eier nacheinander, etwas Kardamom und 1/2 Pfund Puder und 1/2 Pfund Mehl dazu rühren.

(Wenn zum Kuchenbacken keine frische, ungesalzene Butter zur Verfügung stand, musste die ältere, mit Salz haltbar gemachte Butter abgeklärt oder ausgewaschen werden. Ansonsten schmeckte der Kuchen salzig.
Beim Klären wurde die Butter langsam zum Schmelzen gebracht und dann vom Feuer genommen. Der Schaum wurde abgenommen und zum Kuchenbacken verwandt. Die zurückbleibenden festen Teile wurden anderweitig verarbeitet. Das lange Rühren der Torten oblag Luises Bruder Paul Peters. Rührteig herstellen und in eine Spring- oder Kastenform füllen und bei Mittelhitze etwa 60–75 Min. backen.)

Sandtorte *von Constanze Schätzel*

1 Pfund Butter abklären, 1 Pfund Zucker, 1 Pfund Puder, 7 Eier (frische) und 10 d (Pfg.) Kardamom. Die Butter zur Salbe und mit dem Zucker 1/2 Stunde gerührt. Die Eier nach und nach dazu tun und darauf den Puder löffelweise hinein rühren. Im Ganzen 1 Stunde rühren. Weizenin nehmen.

(Weizenin ist ein blütenweißer Weizenstärkepuder von höchster Feinheit, der besonders gerne in Sandtorten verbacken wird. Teig in Spring- oder Kastenform füllen und ca. 60 Min. bei 170 Grad backen.)

Sandtorte
von Lucie Alberts

1 Pfund Butter abklären und zur Salbe gerührt, dann kommt ½ Pfund Puder und ½ Pfund Mehl hinein, wird ½ Stunde gerührt. Dann ¾ Pfund Zucker und 4 Eier (ganz) nach einander dazu getan, etwas Kardamom oder Vanille. Zusammen 1 Stunde rühren.

Sandtorte *von Thora Volquardsen*

150 gr. Butter anwärmen und schaumig rühren, dann dazu rühren ½ Pfund Mehl, halb Kartoffelmehl oder Weizenin, dann nach einander 3 ganze Eier, 150 gr. Zucker (125 Gramm geht auch), ein bißchen Backpulver.

Citronenkuchen *von Tante Anna, Schwester der Mutter*

½ Pfund Butter zu Schaum rühren, dann ½ Pfund Zucker darin schaumig rühren, 4 ganze Eier, ½ Pfund Mehl, 1 P. Backpulver. Gleich heiß aus der Form nehmen. Zum Guß nimmt man ¼ Pfund Zucker, von 1 Citrone den Saft und die Schale, auch von 1 Apfelsine Saft und Schale, das zusammen warm machen und heiß über den Kuchen streichen.

(Rührteig herstellen, in einer Springform bei 180 Grad 25–30 Min. backen).

Rhabarbertorte

8–10 Stangen Rhabarber, ½ Pfund Zucker, ½ Pfund Mehl, 4 Eier, 1 P. Vanillezucker, 1 P. Backpulver. Das geschlagene Eiweiß wird mit dem Mehl durchgerührt. Der Rhabarber wird in größeren Stücken auf den Teig gelegt.

(Einen Rührteig herstellen, in eine Springform füllen, bei 180 Grad 35–40 Min. backen.)

Quarkkuchen *von Tante Anna, Schwester der Mutter*

1 Pfund Quark, 3 Eier, das Weiße zu Schnee, 250 Gramm Zucker, 3 Eßlöffel Grieß und 1/2 P. Backpulver, 1/2 Citrone (Saft und Schale), Rosinen und Mandeln. Zum Schluß den Eischnee.

(Zucker, Butter, Eigelb und Grieß verrühren. Quark hinzufügen, dann die anderen Zutaten, zuletzt den steif geschlagenen Eischnee vorsichtig unterheben. In eine Springform auf einen Mürbeteigboden streichen. 45–60 Min. backen bei 180–190 Grad.)

Palmintorte

1/2 Pfund Palmin oder Schmalz zur Salbe rühren, dann 1/2 Pfund Zucker und 1/4 Pfund Kakao zusammen mischen und mit dem Palmin gut verrühren, bis alles gut durcheinander ist, 4 Eier zerschlägt man und tut sie löffelweise zu dem anderen, im Ganzen 1/2 Stunde rühren, bis es schön blank und recht dunkel aussieht. Dann tut man es lagenweise mit Tortenkakes in eine Form, die mit Pergamentpapier ausgelegt ist. Man muß se-

hen, daß oben und unten eine Lage Palmin ist. Einige Stunden stehen lassen, ehe man ihn anschneidet. 1/4 Pfund Kakes ist genug.

(Eiderstedtisch Pick, sonst bekannt als Kekstorte, Schwarzer Peter oder Kalte Hundeschnauze. Kastenform mit Backpapier auslegen und Schokoladenmasse und Keks lagenweise schichten. Kalt aufbewahren.)

Palminkuchen

300 Gramm Mehl, 150 gr. Kartoffelmehl, 1/2 Pfund Zucker, 1/2 Pfund Palmin, 4 Eier, 1 Tasse Milch, 50 gr. Succade, 50 gr. Mandeln, bittere Mandeln oder Öl, 1 Backpulver, 1 Citrone abgeschält, zum Binden für Guß. Palmin schmelzen und ganze Eier, alles zusammenrühren.

Streuselkuchen

1/2 Pfund Mehl, 1 Ei, 1/4 Pfund Zucker, 50 Gramm Butter, Zitronenschale, 1 P. Backpulver. Alles zusammen kneten. Gut die Hälfte in die Springform drücken, mit Marmelade bestreichen, den Rest des Teiges darüber krümeln und mit Zucker bestreuen.

Moccatorte *von Tante Anna, Schwester der Mutter*

50 gr. Fett, 2 Eier, das Weiße zu Schnee, 300 gr. Zucker, 1/2 Pfund Mehl, 1/4 Liter Milch, 50 gr. Kacao, 1 Vanillezucker, 1 Backpulver, 2 große Teelöffel gemahlenen Kaffee. Alles zusammen rühren. Milch zum Schluß langsam dazugeben.
(Rührteig in eine Springform geben, 50–60 Min. bei 170 Grad backen.)

Orangenkuchen *Modezeitung 1959 von Frau Rathmann Peters*

250 gr. Butter, 200 gr. Zucker, Salz, 4 Eier, 300 gr. Mehl, 2 gestrichene Teelöffel Backpulver, zum Guß: 200 gr. Puderzucker, Saft und Schale einer großen Orange, Saft und Schale einer halben Citrone. Zum Bestreuen Puderzucker. Butter schaumig rühren, nach und nach Zucker zu, nach

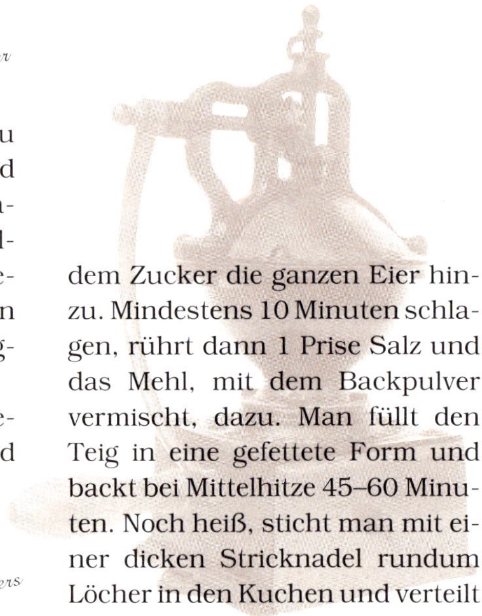

dem Zucker die ganzen Eier hinzu. Mindestens 10 Minuten schlagen, rührt dann 1 Prise Salz und das Mehl, mit dem Backpulver vermischt, dazu. Man füllt den Teig in eine gefettete Form und backt bei Mittelhitze 45–60 Minuten. Noch heiß, sticht man mit einer dicken Stricknadel rundum Löcher in den Kuchen und verteilt darüber den Guß, den man folgendermaßen herstellt. Den gesiebten Zucker verrührt man mit dem Saft von Orange und Citrone und die Schalen, etwa 5 Minuten ruhen. Nachdem der Kuchen kalt ist und der Guß eingezogen ist, stürzt man den Kuchen und bestreut ihn mit gesiebtem Zucker (Puderzucker).

Topfkuchen

Topfkuchen *von Frau Jürgensen*

½ Pfund Zucker, 1 Pfund Mehl, 1 Tasse Rahm, 1 Citrone, ¼ Pfund Butter, ¼ Pfund Korinthen, 10 d (Pfg.) Succade, 3 d (Pfg.) Cremotaterie, 2 d (Pfg.) Natron, 4–5 Eier, das Weiße zu Schnee.

(Cremotaterie, Weinsteinrahm, cremor tartari, gereinigter Weinstein, Natron ist das Treibmittel. Mit Reinweinstein hergestellte Backwaren sind für Galle-, Leber- und Magenempfindliche bekömmlicher als die handelsüblichen Backpulver, da sie – phosphatfrei – kaum Sodbrennen verursachen. Das feine, mild säuerliche Aroma von Weinstein gibt den Backwaren einen angenehmen Geschmack.

Den fertigen Rührteig gibt man in eine gefettete Napfkuchenform, ca. 45–60 Min. bei 180 Grad backen.)

Topf-Kuchen *von Dora Hinrichs, Kirchdeich*

2 Eier, 2 Tassen Zucker, 3 Tassen Mehl, 1 Tasse Milch, 2 Teelöffel Backpulver, 2 Teelöffel Vanillezucker, 1 Eßlöffel Kacao, 150 gr. geschmolzene ausgekühlte Butter oder Margarine, ½ Stunde backen bei 190 Grad.

Glasur: 200 gr. Staubzucker, 4 Eßlöffel geschmolzene Butter, 2 Eßlöffel kalten Kaffee, 2 Teelöffel Kacao und oben auf gehackte Mandeln.

Topfkuchen *von Tante Anna*

½ Pfund Mehl, ½ Pfund Weizenin, 200 gr. Zucker, 3 Eier, 1 Backpulver, 150–175 gr. Chocoladenplättchen, Vanille und 1 bißchen Rum, ½ Pfund Margarine und bißchen Milch.

Waffeln

Rahmwaffeln

6 Eigelb, 3/8 Liter dicker Rahm, 1/2 Pfund Mehl, Schnee der Eier und ein kleiner Schuß Rum.

(Waffeln waren ein feines Gebäck, das im Waffeleisen, das in jeder Familie vorhanden war, gebacken wurde. Die Innenseiten der eckigen oder runden Kucheneisen für die offene Feuerstelle wurden mit Speckschwarte oder etwas Öl ausgerieben. Mit Aufkommen der Sparherde kamen Waffeleisen mit dem typischen Herzmuster auf.)

Kleine harte Waffeln

3 Eier, das Weiße zu Schnee, 1/4 Pfund Streuzucker, 1/4 Pfund Butter, 1/2 Pfund Mehl, Vanille oder Kardamom und 1/2 Paket Backpulver.

(Im Waffeleisen abbacken, in einzelne Herzen teilen, auf dem Backblech noch 10–15 Min. im Backofen bei 150 Grad nachbacken. Gut ausgekühlt in die Dose legen. Oder Teig in einem Eierkucheneisen abbacken. Die Waffelblättchen ablösen und zu Tüten oder Röllchen formen. Mit Schlagsahne füllen.)

Rahmwaffeln

Ein ganz feines Rezept

6 Eier, das Weiße zu Schnee, 1/2 Liter Rahm, 1/4 Pfund Butter, 1/2 Pfund Mehl, 1 Löffel Zucker. Der Rahm wird steif geschlagen.

(Evtl. mit Puderzucker bestreuen.)

Butterzwiebacken *von Catharine Peters*

$^1/_2$ Liter süße Milch und 2 Eier zusammen tüchtig schlagen. Dann nach und nach 2 Pfund Mehl und für 10 d (Pfg.) Hefe (35 gr) hinein verarbeiten. Dann 1 Pfund Butter, die etwas angewärmt ist, in den Teig kneten.

(Bei der Zwiebackherstellung – zweimal gebacken – werden die Zutaten zu einem festen Teig verarbeitet. Am liebsten wurde der Zwieback mit Beestmilch, der Milch der Kühe am ersten Tag nach dem Kalben, hergestellt. Man nahm zu einem Drittel Beestmilch und zu zwei Drittel normale Milch. Beestmilch war besonders nährstoffreich und wurde wegen ihres hohen Eiweißgehaltes gerne zum Anrühren von Mehlspeisen und Puddingen gebraucht.
Den Teig zu kleinen Brötchen formen, auf einem Backblech noch einmal gehen lassen. Bei 200 Grad 20–25 Minuten backen. Nach dem Erkalten schneiden und schräg aneinandergestellt noch einmal 10 Minuten im Ofen knusprig braun rösten bei etwa 100 Grad. In einer gut schließenden Dose aufbewahren.)

Kakes *von Miede Kniese (Marie), Frau des Bäckers in Tetenbüll*

1 Pfund Mehl, $^1/_4$ Pfund Butter, 3 Eier, 200 Gramm Streuzucker, 1 P. Vanillezucker, 1 P. Backpulver.

(Man kann den Teig auch dünn ausrollen und mit einem Glas kleine Kuchen ausstechen.)

Kakes *von Mutter*

3/4 Pfund Mehl, 3/4 Pfund Kartoffelmehl, 1/2 Pfund Streuzucker, 1/4 Pfund Butter, 4 ganze Eier, Vanille und 1 Teelöffel Hirschhornsalz.

(Zutaten zu einem Knetteig verarbeiten, Rollen formen, diese in Scheiben schneiden, auf ein gefettetes Backblech legen. Bei 180 Grad 10–15 Min. backen. Mit Butter bestreichen. Gut zum Tee.)

Kaffeebrot *von Marie Clausen*

1 Pfund Mehl, 9 Eßlöffel Zucker, 6 Eier, 1 Tasse Rahm, eine Untertasse Butter, Gewürz nach Belieben und 3 Teelöffel schlicht voll Hirschhornsalz. (Zitrone und Kardamom)

(Die Begriffe „feines Brot“ und „Kuchen“ wurden synonym gebraucht. Besonders Weiß- und Feinbrot wurde gerne als Koken bezeichnet, weil sie auch zusammen im Ofen gebacken wurden und Weizenmehl hinzu kam.
Die Zutaten verkneten. Den Teig dünn auf ein gefettetes Backblech ausrollen, bei 175 Grad etwa 15–20 Min. backen. Danach sofort aufschneiden, vom Blech nehmen und im abgeschalteten Backofen etwa 10 Min. nachtrocknen lassen. In Blechdosen aufbewahren.)

Kaffeebrot

1 Pfund Mehl, 3/4 Pfund Zucker, 3 Eier, 2 Tassen Milch und 8 Gramm Hirschhornsalz.

(Einfaches Rezept, kein Fett angegeben.)

Pumpernickel *von Marie Schmidt*

1 Pfund Zucker, 3/4 Pfund Mehl, 1/2 Pfund gröblich gehackte Mandeln, 2 Eier, 1 kleine halbe Tasse Wasser und ein bißchen Hirschhornsalz.

(Unter Pumpernickel verstand man nicht das traditionelle gebackene westfälische Vollkornbrot aus Roggenschrot, Wasser und Salz, sondern ein Mandelgebäck. Pumpernickel oder Pumbernickel (pumbanigl) bezeichnete in Flensburg um 1850 eine feine Kuchenart, die zu rhombischen glatten Stangen geformt war.

Man arbeitet einen Knetteig, formt Rollen, legt sie auf ein gefettetes Backblech, etwas plattdrücken, mit Eigelb bestreichen und mit Mandeln bestreuen. Bei 170 Grad 15–20 Min. backen. Danach schneidet man sie noch warm in 2 cm breite Scheiben und röstet diese im abgeschalteten Backofen bei geöffneter Tür etwa 10 Min. nach. In Dosen aufbewahren.)

Pumpernickel *von Frau Jürgensen*

1 Pfund Mehl, 1 Pfund Streuzucker, 1/4 Pfund gröblich gehackte Mandeln, 4 Eier, 1/4 Pfund Butter, etwas feiner Canehl (Zimt) und 15 Gramm Hirschhornsalz.

Kleingebäck und Konfekt

Vanillenüsse
von Großmutter Peters, Friederike Louise Clasen

1 Pfund Butter
wird abgeklärt, dann mit 1 Pfund Streuzucker 1 Stunde gerührt, dann kommt dazu (das Innere) 1 Stange Vanille, 1 Pfund Mehl und eine Messerspitze Hirschhornsalz.

(Den Rührteig in kleinen Kugeln auf das Backblech setzen. Bei 150 Grad etwa 15 bis 20 Min. backen.)

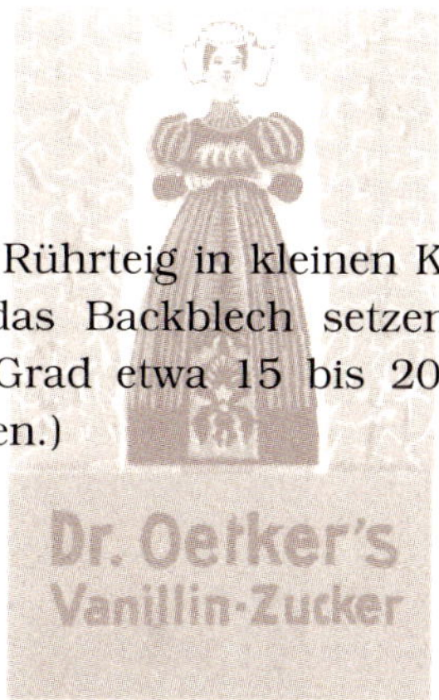

Vanillenüsse
von Frau Hems

1 Pfund Butter abklären, dann mit 1 Pfund Streuzucker 1 Stunde rühren, 1 Stange Vanille, 680 Gramm Mehl und 2 Teelöffel Hirschhornsalz (schlicht voll)

Chocolade Nüsse
von Frau Harrsen, Ehefrau von Hartwig Harrsen, Reiche Reihe, beide von Pellworm

½ Pfund Butter, ½ Pfund Zucker, 20 d (Pfg.) Schokolade, ½ Pfund Mehl und 1 Teelöffel schlicht voll Hirschhornsalz (¼ Pfund Chocolade)

(Rührteig herstellen, mit einem Löffel den Teig auf das Backblech setzen, etwa 25 Min. bei 150 Grad backen.)

Zuckernüsse *von derselben*

1/2 Pfund Butter, 1/2 Pfund Zucker, 1 Pfund Mehl, 1 Teelöffel schlicht voll Hirschhornsalz, Mandeln und Vanille nach Geschmack.

(Knetteig herstellen, Kugeln formen, 10 Min. bei 180 Grad backen.)

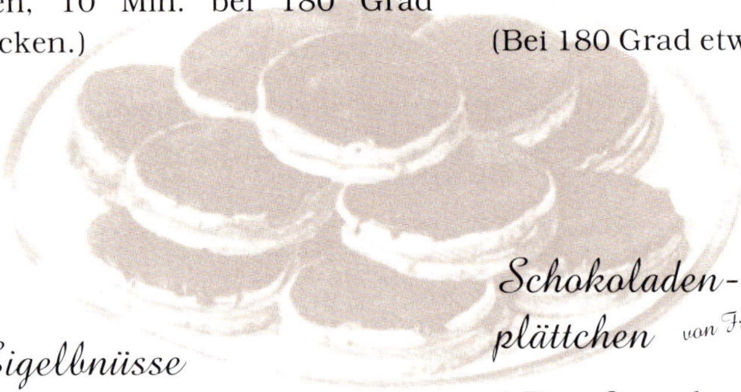

Eigelbnüsse

4 Eigelb, 1/2 Pfund Streuzucker, 4 Eßlöffel Mehl und für 1 d (Pfg.) Hirschhornsalz

(Teig mit dem Teelöffel auf das Backblech setzen.)

Eiernüsse *von Schüsow*

7 ganze frische Eier mit 1 Pfund Zucker 1/2 Stunde rühren, dann ein bißchen Mandelaroma und 1 Pfund Mehl dazu rühren. Mit einem Teelöffel abends vor dem Backen auf Platten legen und am anderen Tag backen.

(Bei 180 Grad etwa 10 Min.)

Schokoladenplättchen *von Frau Samuelsen*

4 Eiweiß werden zu Schaum geschlagen, mit 1/4 Pfund zu Sahne gerührter Butter, 250 Gramm f. Zucker, 1/2 Pfund geriebene Schokolade, 1/2 Pfund geriebene Mandeln und 200 Gramm Mehl zusammen gerührt.

(Mit einem Teelöffel auf ein Backblech aufsetzen, bei mäßiger Hitze 10 Min. abbacken. Wenn sie oben Risse bekommen, sind sie gar.)

Schokoladennüsse

1/2 Pfund geriebene Schokolade, 1/2 Pfund süße, geriebene Mandeln, 1/2 Pfund Streuzucker, 4 Eiweiß, welches erst zu steifem Schnee geschlagen wird.

(Eiweiß zu Schnee schlagen, esslöffelweise den Zucker unterheben, Schokolade und Mandeln vorsichtig unterheben, nicht rühren. Die Masse mit 2 Teelöffeln in kleinen Häufchen auf ein gefettetes Backblech setzen und bei 130–150 Grad etwa 30–45 Min. backen.)

Maizena-plättchen

von Frau Samuelsen

1/2 Pfund Butter zur Salbe gerührt, 1/2 Pfund Zucker, 2 Eier, 1 Pfund Maizena, 1 Eßlöffel Mehl und 1 Messerspitze Hirschhornsalz.

(Maizena ist ein aus Mais gewonnenes, von Eiweiß, Fett und Fasern befreites Stärkemehl. Knetteig herstellen und kühl stellen. Kleine Kugeln formen, auf ein bemehltes Backblech legen und mit der Gabel plattdrücken. Bei 175 Grad 10–12 Min. backen.)

Sandgebäck *von Else Peters*

175 Gramm Butter, 85 Gramm Zucker schaumig rühren, 1 P. Vanillezucker, Rumaroma, 1/2 Pfund Mehl, 1 Teelöffel Backpulver.

(Butter bräunen, lauwarm über den Zucker gießen, die anderen Zutaten dazu und verkneten. Aus dem Teig 3 cm dicke Rollen formen und im Kühlschrank eine Nacht ruhen lassen. In 1/2 cm dicke Scheiben schneiden und bei 180 Grad etwa 10 Min. hellgelb backen.)

Mandelgebäck *von Emma Lorenzen, Frau des Zimmermanns*

1/2 Pfund Butter (kann reichlich sein), 1 Pfund Mehl, 1/2 Pfund Zucker, 1/4 Pfund Mandeln mit der Schale. (Mandeln in Scheiben schneiden). 1 Teelöffel Hirschhornsalz (gestrichen) (Eiform).

(Einen Knetteig herstellen, dünn ausrollen, Hörnchen formen und 10 Min. bei 180 Grad backen.)

Törtchen *von derselben*

1 Pfund Mehl, 300 gr. Margarine, 200 gr. Zucker und 1 Ei. Anrühren lassen.

(Zu einem Mürbeteig verarbeiten. In ausgefettete Törtchenformen auslegen und 15 Min. bei 180 Grad backen.)

Trüffeln *von Thora Volquardsen*

50 Gramm Butter, 250 Gramm Zucker, 50 Gramm Kakao, Rum-essenz und 2 Löffel Milch. Die Masse darf nicht dünn sein, dann soll man lieber die Milch nicht dazu tun.

(Die Masse kalt stellen. Wenn sie fest ist, formt man kleine Kugeln und rollt sie in Schokoladen-streusel.)

Karamellen

150 Gramm Zucker, 2 Eßlöffel Milch, 1 Eßlöffel Essig. Der Zuk-ker wird gebräunt, aber nicht zu stark, dann gibt man die Flüssig-keit zu dem Zucker und läßt die Masse unter Rühren weiter ko-chen, bis sie sirupartig ist. Man gießt es auf ein gefettetes Blech, schneidet es, so lange es noch warm ist, in Würfel und läßt es völlig erkalten. Dann bricht man die Würfel auseinander. Durch Fett kann man es verfeinern.

(z.B. mit 1 Essl. Öl)

Cremes und Pudding

Buttercreme

$^{1}/_{4}$ Pfund Butter zu Salbe rühren, $^{1}/_{4}$ Pfund Streuzucker tüchtig rühren, 3 Eigelb, alles tüchtig rühren. Ein Puddingpulver in $^{1}/_{2}$ Liter Milch (6 Eßlöffel abnehmen davon zum Ausrühren) kochen, erkalten lassen und nachher mit dem anderen verrühren, gibt eine schöne Creme.

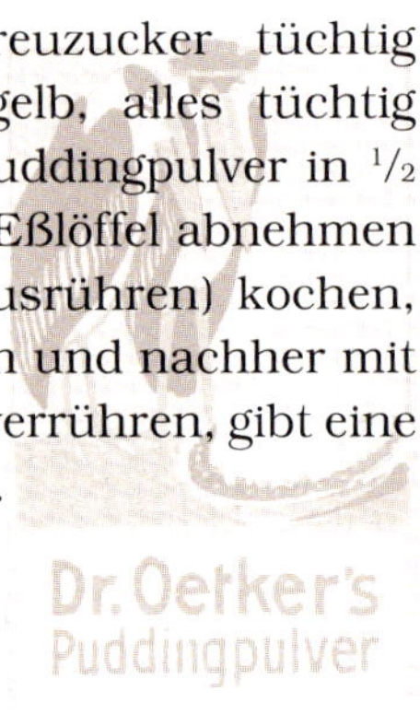

Vanillecreme

1 P. Vanillezucker, 3 Eigelb, 75 Gramm Zucker, $^{1}/_{2}$ Liter Milch, 50 Gramm Puder. Man rührt Eigelb, Vanille und Zucker schaumig, das Puder mit 6 Eßlöffel Wasser ausrühren und dazu tun, dann die Milch dazu tun und bringt das Ganze unter fortwährendem Rühren zum Kochen, läßt es abkühlen, rührt es recht oft und tut dann den Eischnee dazu. Diese Creme ist schön für Torten, man kann auch 1 Eßlöffel Kakao hinein tun.

(Kann auch als Nachtisch mit Saftsauce gereicht werden.)

Cremesauce

4 Eigelb rührt man mit etwas Zucker (nach Geschmack) eben. Dann bringt man $^{3}/_{4}$ bis 1 Liter Milch zum Kochen, etwas Vanille mit. Dann rührt man die Milch unter beständigem Rühren zu den Eiern. Tut es dann nochmals aufs Feuer und rührt es, bis es kocht.

Citronencreme

Von 3 Citronen den Saft mit 5 Eigelb, 1 Löffel Weißwein und Zucker nach Geschmack über Feuer so lange schlagen, bis es kocht.

Mokka-Schocoladencreme

½ Liter Milch, 30 gr. gemahlenen Kaffee, 1 Puddingpulver und etwa 15 gr. Cacao und 150 gr. Zucker, sonst wie Mokka-Buttercreme.

Mokka-Buttercreme

½ Liter Milch, 30–50 gr. gemahlener Kaffee, 1 Päckchen Vanille Puddingpulver, 100 bis 150 gr. Zucker, 50 gr. Kokosfett (nach Belieben), 200 gr. Butter oder Margarine. Man gießt die heiße Milch über den Kaffee, läßt ihn kurze Zeit stehen und gibt ihn durch ein Sieb. Gemessen muß es ½ Liter sein, sonst Milch zu tun. Kalt stellen. Puddingpulver und Zucker mit 6 Eßlöffel Milchkaffee anrühren und in den heißen Milchkaffee tun. Rühren damit keine Haut kommt. Butter schaumig rühren. Pudding eßlöffelweise darunter rühren. Fett und Pudding dürfen nicht zu kalt sein.

Rhabarbergelee

Man schneidet die Stangen ungeschält, gut abgewaschen, in Stücke, tut sie in eine Schüssel und auf jedem Pfund Rhabarber

1/2 Pfund Zucker, läßt es 12 Stunden stehen, gießt den Saft ab, kocht ihn bis er dick wird, legt dann die Stücke hinein, läßt es noch 1/2 Stunde kochen und läßt es erkalten und füllt es in Gläser.

Mädchenröte

4 Eiweiß, 1/2 Flasche saurer Johannisbeersaft, 1 Pfund Zucker zusammen 1/2 Stunde schlagen, bis es tüchtig steif ist. Dann löst man 8 Blatt rote Gelantine in heißem Wasser auf und rührt es lauwarm in die Masse. Dann tut man es in eine kalt ausgespülte Form.

(Zur Mädchenröte, einem Saftpudding, gab es Vanillesauce.)

Mädchenröte

von Grethe Vorderbrügge

Reichlich 1/2 Flasche saurer Johannisbeersaft, 9 Eiweiß und 3/4 Pfund Zucker werden 1 Stunde geschlagen. Dann 45 Gramm rote Gelatine in 2 Tassen heißem Wasser auflösen und langsam dazu rühren. Rahmschaum schmeckt sehr fein dazu.

Getränke und Säfte

Sekt Bowle

2 Flaschen Weißwein, ½ Flasche Arrak, 1 Flasche Sekt, 2 Flaschen Selter, Zucker nach Geschmack

Rotwein Bowle *von Alma Thomsen*

1 Fl. Rotwein, 1 Liter Rum, 200 Gramm Würfelzucker und 1½ Liter kochendes Wasser

Weißwein Bowle

3 Flaschen Weißwein, ½ Flasche Arrak oder Rum, 3 Flaschen Selter und Zucker nach Geschmack.

Roter Saft mit Weinstein

Zu 3 Pfund abgebeerten Früchten löse man $2\frac{1}{2}$ Lot (40 Gramm) Weinstein in $1\frac{1}{2}$ Liter Wasser auf und gieße es kochend heiß über die Früchte. Nach 24 Stunden fülle man alles auf ein Haarsieb und läßt es einige Stunden abtropfen, ohne zu drücken. Den gewonnenen Saft rühre man mit $4\frac{1}{2}$ Pfund Zucker, bis es sich aufgelöst hat, ungefähr $\frac{1}{2}$ Stunde. Dann füllt man den Saft in Flaschen und verkorkt ihn. Wenn man Johannisbeeren nimmt, ist es sehr schön, wenn 1 Pfund Himbeeren mit dazu genommen werden.

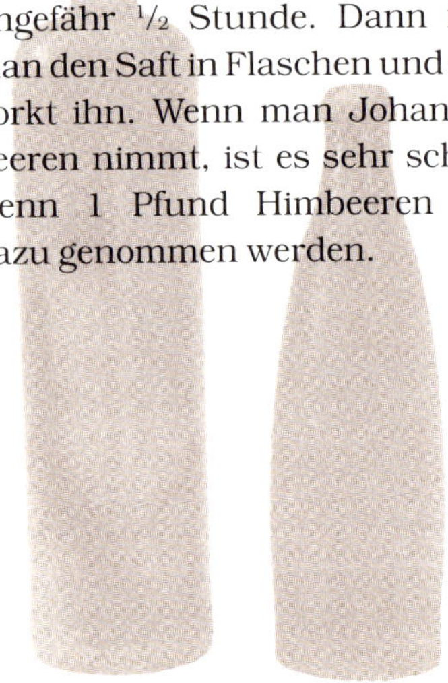

Rhabarbersaft

Rhabarber in Stücke schneiden, mit kochendem Wasser übergießen, daß es bedeckt. 2–3 Citronen in Scheiben dazwischen. 24 Stunden stehen lassen, dann auf ein Tuch tun und 24 Stunden ablecken lassen. Dann auf ein Liter Saft 125 bis 200 gr. Zucker aufkochen und heiß in Flaschen tun (Salicyl anrühren.)

(Salicylsäure, ein Konservierungsmittel im Haushalt.)

Mehlpudding *von Mutter*

1½ Pfund Mehl, ¼ Pfund Korinthen, ¼ Pfund Rosinen, 200 Gramm Butter, 6 Eier, 1½ Backpulver, ¼ Pfund Zucker, Schale 1 Citrone, ½ Liter lauwarme Milch, statt Backpulver kann man auch für 5 d (Pfg.) Hefe (17,5 gr) nehmen. Butter und Zucker schaumig rühren, nach und nach die ganzen Eier und die weiteren Zutaten dazu tun. 2½ Stunden kochen lassen.

(Klümp oder Mehlbüdel war ein beliebtes Festgericht und überall bekannt, vor allem in Dithmarschen. Das Wort bezeichnet zunächst den zusammengebundenen Leinenbeutel, in dem das Gericht gekocht wurde. Vom einfachen Mehlbüdel unterscheidet man den bunten, der mit Rosinen und Korinthen durchmischt wurde. Der Mehlpudding wurde in der Form im Wasserbad gegart, der Mehlbüdel wegen seiner Größe im Tuch.

Einen Rührteig mit Backpulver oder Hefeteig mit Hefe herstellen und in ein bemehltes Tuch geben, das zuvor abgekocht wurde. Zusammenknoten, einen Holzlöffel oder kreuzweise zwei Holzlöffel durchschieben und im Wasserbad garen. Nur so viel Wasser in den Topf geben, dass der Mehlbeutel nur 3 cm tief im Wasser hängt. Er soll mehr durch Dampf als durch Wasser garen. Evtl. eine Schweinebacke mitkochen lassen. Dazu reicht man Sirup- oder Saftsoße. Wurde der Mehlpudding als Festessen gekocht, gab man Rosinen und Korinthen in den Teig.)

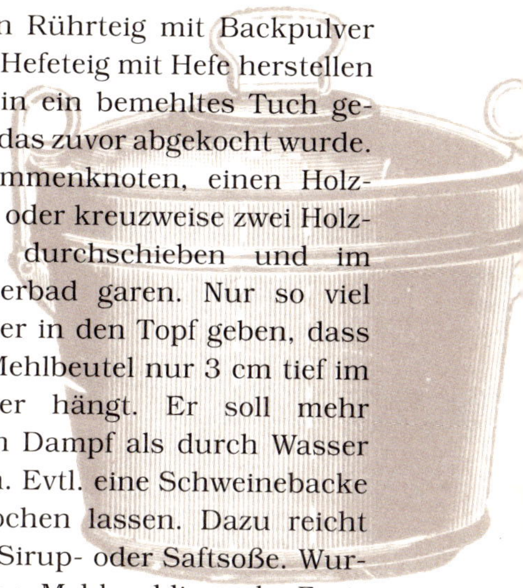

Blutpudding *von Frau Schätzel*

$^{1}/_{2}$ am Abend vorher eingeweichtes Weißbrot, $^{1}/_{2}$ Liter Blut, $1^{1}/_{2}$ Tassen Reismehl, etwas Salz, Nelkenpfeffer (Pimentkörner), Streuzucker und 1 Tasse Fett. Pflaumen und Apfelstücke unten in die Form legen.

(Swatten Mehlbüdel, statt mit Milch wurde der Teig mit Blut angerührt und besonders als Festessen am Schlachttage verzehrt. In eine Puddingform füllen und ca. 2 Stunden kochen. Mit Sirupsauce reichen.)

Eingelegte Salzheringe

2 Pfund Salzheringe, 1 Lorbeerblatt, 16 Eßlöffel Essig, 8 Eßlöffel Wasser, zirka 8 Eßlöffel Zucker, 2 Teelöffel ganzen weißen Pfeffer, zirka 4 Zwiebeln, 1 rote Wurzel, 1 Stck. Meerrettich, 1 Salzgurke, Heringe über Nacht wässern, in Stücke schneiden und mit dem Gemüse einschichten. Essig, Wasser, Zucker und Lorbeerblatt aufkochen und abgekühlt über die Heringe gießen.

Für eigene Rezepte

Anis
Pfeffer
Zimt

Register der Rezepte